W0340614

GOLFER MÜSSEN VERRÜCKT SEIN

K. J. Rabe

Golfer
müssen verrückt sein

Knürr

© 2000 Alois Knürr Verlags-GmbH
2. Auflage

Sperberstr. 23 - 81827 München
Tel. 089-43 76 61 00 - Fax 089-439 29 86
knuerr-verlag@t-online.de

Alle Rechte vorbehalten

Illustrationen: A. Jerabek, Wien

Umschlag: Michael Pfister

Herstellung:
Servicebüro Burgauner, München

Druck: Wiener Verlag (Himberg b. Wien)
Printed in Austria

ISBN 3-928432-22-2

K. J. Rabe

kam in Salzburg zur Welt, lebt aber schon über 60 Jahre in Wien und fühlt sich daher wie jeder „Zuagraste" als echterer Wiener als alle hier Geborenen.
Unmittelbar nach der Handelsakademie-Matura stellte er sich in den Dienst der österreichischen Wirtschaft. Daß es knapp danach trotzdem so etwas wie ein österreichisches Wirtschaftswunder gab, betrachtet er als einen unerforschbaren Teil desselben.
Auch als Sportler blieb Rabe eher bedeutungslos. In den Zeiten des österreichischen Wunderteams aufgewachsen, spielte er von frühester Kindheit an Fußball. Sein erstes Tor schoß er aber erst mit 23; es sollte sein einziges bleiben und war im übrigen ein mißglückter „Stangelpaß". In andere Sportarten wie Ski und Tennis geriet er erst in mittleren Jahren. Seine angeblich guten Freunde zitieren in diesem Zusammenhang gerne das Wort „Spät entwikkelt – früh erloschen". Schließlich suchte er sein Glück sogar am Rücken der Pferde. Nachdem er darauf seine

heutige Frau gefunden hatte, gab er diesen Nonsens als zu gefährlich wieder auf.
Um seiner fatalen Neigung zur Dickleibigkeit zu begegnen, begann er vor 15 Jahren mit Golf. Nicht nur, daß sich diese Hoffnung alsbald zerschlug, hätte dieser Sport seinem fröhlichen Naturell beinahe das Genick gebrochen. Als Therapie schrieb er seine leidvollen Erfahrungen als Golfanfänger primär für das Privileg nieder, darüber als erster befreiend weinen zu dürfen. Auch diesbezüglich blieb er unverstanden, denn die Leser diverser Golfzeitschriften aber auch der FRANKFURTER ALLGEMEINEN ZEITUNG fanden seine Geschichten eher zum Lachen. 1989 faßte er seinen golferischen Leidensweg bis zu Hc –25 unter dem resignativen Titel „GOLF IST EBEN SO!“ in einem seit Jahren vergriffenen Buch zusammen. Getreu seinem Leitspruch „Warum sich mit Bogey begnügen, wenn es auch Doppelbogeys gibt?“ nähert er sich eben diesem Handicap wieder. Diesmal von unten.

Die Illustrationen im Buch stammen von Andreas Jerabek; er ist Rabes Grünschnabel, Nichtgolfer und Diplom-Ingenieur. Die Titelillustration hat Michael Pfister beigesteuert.

Inhalt

Was Sie sich selbst schon oft gedacht haben:

GOLFER MÜSSEN VERRÜCKT SEIN!

Was sonst soll man von Menschen halten, die an einem naßkaltgrauen Sonntagmorgen gegen sechs ihr kuscheliges Bett verlassen, hastig frühstücken, 50 Kilometer Auto fahren, am Ziel ein paar höchst unbequeme Kleidungsstücke sowie Schuhe mit Nägeln an den Sohlen anlegen und straks auf ein Übungsgelände eilen, um dort mit verschiedenen Gerätschaften so lange wild um sich zu schlagen, bis ihnen der Regen in den Nacken und der Schweiß in die Socken rinnt? Und für all das plus der Aussicht auf einen veritablen Schnupfen noch sauer verdientes Geld zahlen.

Gewonnen! Einer dieser armen Narren bin ich! Habe ich doch tags zuvor mit etwa 120 anderen Gestörten bei strahlendem Sonnenschein für ein Golfturnier genannt und meine Teilnahme trotz des Wetterumschwungs nicht gecancelt. Weil ich nämlich glaube, Sportsgeist an den Tag legen zu müssen und dabei geflissentlich übersehe, daß mein Verhalten mit Sport kaum und mit Geist rein garnix zu tun hat.

Offenbar nistet der Gedanke, bei diesem Nonsense mitzumachen, auch schon in Ihrem Hinterkopf, verehrter, vereinzelter Leser. Sonst hätte Ihnen ja niemand dieses Buch geschenkt. Gekauft werden Sies ja hoffentlich nicht haben.

Zugegeben, ungesund kann Golf kaum sein. Immerhin bewegt man jedes Gelenk und fast jeden Muskel und läuft pro Runde an die acht Kilometer in frischer Luft kreuz und quer und nicht selten über Berg und Tal durch Gottes schönste Schöpfungen. Aber was halten Sie von so einem Naturfreund, der sich durch liebliches Kuhglockengeläut, den Singsang eines Vogels oder einen vorbeiflatternden Schmetterling so weit irritiert fühlt, daß er eine bereits

. . . bis ihnen der Regen in den Nacken und der Schweiß in die Socken ...

eingeleitete Tätigkeit abbricht, gekränkt um sich blickt, empört den Kopf schüttelt und erst nach längerem meditativen Insichgehen weitermacht?!

Golfer haben, das weiß mittlerweile jeder, ein sogenanntes Handicap. Dabei handelt es sich weder um ein körperliches Gebrechen noch um eine geistige Deformierung, wie sowohl der Begriff als auch meine bisherigen Ausführungen vermuten ließen, sondern um eine Skala zur Bewertung des Könnens eines Hobby-Golfers im Vergleich zu dem eines Profis. Und selbst dies ist Chimäre, denn ein Profi spielt meist weit diesseits der Skala und ein Amateur, es muß gesagt sein, oft jenseits seines Handicaps.

Trotzdem spricht jeder Golfer mehr oder minder stolz von „seinem" Handicap, als wär's ein Stück von ihm. Und deshalb ist es selbst mächtigsten Aufsichtsratpräsidenten, weisesten Universitätsprofessoren, begnadetsten Künstlern und ähnlichen Kalibern nicht egal, ob die berühmte narbige Kugel nach 79, 92 oder 103 Berührungen in jene Vertiefung im Gras fällt, die trivial Loch heißt, für den Golfer aber den Himmel auf Erden bedeutet. Natürlich erst, sobald der Ball drin ist.

Hängt von der Anzahl der Berührungen doch das Handicap und davon wieder die Reputation ab. Verrückt, oder?

Aber auch Abergläubigkeit ist uns nicht fremd. Meinem fröhlich auf einer Vergnügungsrunde vor sich hingolfenden Freund Nico begegnete kürzlich auf der 360 Meter langen 12. Spielbahn seines Golfclubs ein gesetzter und, wie Nico weiß, keineswegs am Hungertuche nagender Herr. Nun muß man wissen, daß Golfer normalerweise nur zurückgehen, wenn sie den Ball in den Klüften des Geländes verloren haben und sich der Hoffnung hingeben, mit einem Ersatzball noch ein achtbares Resultat zu erzielen. Eine überaus vage Hoffnung übrigens.

Besagter Herr lief aber immerhin 720 Metern hin und zurück, um sein nach dem Abschlag liegengebliebenes „Lieblings-Tee" aufzuklauben. Ein „Tee" ist, um die Verwirrung zu beenden, ein T-förmiges Stück Holz oder Plastik. Man legt vor dem ersten Schlag auf jeder Spielbahn den Ball drauf. Sein Stückpreis beläuft sich auf etwa sieben Pfennig.

Trotzdem hoffe ich, daß Sie Ihre in pectore bereits getroffene Entscheidung nicht revidieren werden. Die Chance, die nettesten, liebenswertesten, einflußreichsten, klügsten, vor allem aber harmlosesten Verrückten dieser Welt kennenzulernen, können Sie sich unmöglich entgehen lassen!

VON GUTEN UND VON TREUEN FREUNDEN

Ein Mensch spielt Golf und glaubt daher,
allein deswegen wär' er wer.
Er glaubt an diesen Schein befriedigt,
bis er erkennt, daß Golf erniedrigt.

„Braemar, 12. Oktober 1982: Erstmals Golf versucht. Ganz Schottland lacht."

So steht's in meinem Reisetagebuch.

Spiritus rector war mein Freund P.P.; den Floh setzte er meiner Frau ins Ohr. Wie sie mich dann dazu brachte, tatsächlich einmal einen Golfplatz aufzusuchen, fällt unter „Triebwerk". Sie kennen ja den Spruch von der starken Frau, die hinter jedem . . . , aber lassen wir das.

Das Gemeine ist, daß sie heute wesentlich besser spielt als ich. Aber Sie kennen ja auch das: So ein typischer „light and easy lady-swing", nur mit Instinkt, Intuition und ein bißchen Bewegungsgefühl, dem alles fehlt, was einen richtigen Männerschwung ausmacht. Kraft, Mut, Wille, Hirn! Natürlich fehlt ihr auch, was mein Golf erst richtig interessant macht: der Slice, der Hook, der Top und der Vollfette.

Wäre P.P. nicht gewesen, hätte ich meine alten Tage sinnvoll genützt. Ich wäre belesen, vielleicht sogar gebildet, und könnte in Gesellschaft mit meinem Esprit brillieren.

Außerdem hätte ich zirka 30 Kilo Übergewicht. Stattdessen spiele ich durchschnittlich so an die 80 Golfrunden im Jahr, werde – hoffentlich – gelesen und mein Übergewicht beschränkt sich je nach Saison und der Intensität meiner diätetischen Hilfestellung auf 28 bis 29 Kilo.

Es war also in Braemar, Deeside, Schottland. Die Windsors haben ein Lustschloß in der Nähe. Der britische Thronfolger, dessen Ponem dank seiner eben erfolgten Heirat mit einer feschen Blondine damals sogar mir bekannt war, war auch gerade da. Man sieht: Wo gegolft wird, ist auch die vornehme Gesellschaft.

Es war ungemütlich kalt, regnete schnürl, die Wiese war sauer, und ich traf die Bälle nicht. Angeblich soll sich die gesamte Deeside über meine patscherten Versuche zerwutzelt haben. Insofern hat sich gegenüber meinem letzten Golfurlaub nicht viel geändert. Sonst aber doch einiges.

Zum Beispiel habe ich heute ein Handicap. Zuerst war es 34, dann rutschte ich an einem unwiederholbaren Nachmittag voller unglaublicher Sternstunden auf 28, und heute liegt es bei 24.

Damit rangiere ich auf der Ehrentafel meines Clubs unter 580 Mitgliedern etwa am Ende des besten Viertels. Das ist dort, wo der Stau ist. Wenn ich die Verhältnisse in meinem Verein als repräsentativ annehme und landesweit extrapoliere, bin ich Österreichs 10.000-bester Golfer. Das schmeichelt zwar meiner Eitelkeit, wirft aber kein gutes Licht auf Österreich.

Trotzdem muß ich in diesem Zusammenhang auch meinem Trainer und heutigen Freund F.L. meinen Dank abstatten. Ich wüßte keinen zweiten Lehrer, der sich so viel mit mir abgeplagt hätte. So vergeblich schon, so viel aber nicht!

Einmal hat er versucht, die in meinem rechten Arm schlummernde Urgewalt zu brechen und legte meine Rechte am Schlägergriff soweit nach links, daß ich die Arme kaum noch heben konnte. Ich kam mir vor, als hätte meine Mutter selig zuviel Contergan erwischt und betitelte eine Geschichte „Golf à la Quasimodo". Ich weiß, das hat Dich sehr gekränkt, Franz. Verzeih' mir bitte.

Als ich das erste Handicap erkratzte, dachte ich, das wäre der Durchbruch, der Befreiungsstoß. Jetzt bist du der Langer minus 50 %, jetzt bist du wer.

Mir fielen so ziemlich sämtliche Golfbälle vom Herzen, die ich bislang verschossen hatte. Das Ziel ist erreicht, dachte ich, jetzt kannst du deine Clubkarte überall ohne Genierer herzeigen, jetzt kannst du am Golfplatz deinem Vergnügen nachgehen, kannst locker deine Runden drehen.

Ein typischer Fall von Denkste. Ich war nur noch fanatischer; das mindeste, was ich auf jeder Runde erreichen will, ist ein vorgabekonformes Ergebnis. Schließlich hab' ich's ja schon einmal gespielt, warum darf ich nicht wieder? Aber die Golfplätze verweigern sich mir und haben dafür mehr fadenscheinige Mätzchen parat als jene dreizehnjährige Klosterschülerin, die ich mit vierzehn so dringend verführen wollte. Und ich frage Sie: Was ist schon eine Runde knapp unter 100? Nicht einmal ein g'scheites Petting!

Golf macht demütig? Wenn's nur das wäre. Golf erniedrigt.

Vernünftige Menschen orientieren sich an den vielen, die länger, dafür aber noch mäßiger spielen. Ich nicht! Ich schaue immer auf den, der erst voriges Jahr angefangen hat und jetzt schon eine sichere 18 spielt. Daß der 40 Jahre jünger, 20 Kilo leichter und überdies im Gegensatz zu mir talentiert ist, übersehe ich. Da bin ich großzügig.

Nirgends, heißt es, lernt man den Menschen besser kennen als auf einer Golfrunde. Mag sein. Wichtiger erscheint mir folgendes: Am Golfplatz ist der Mensch, auch wenn er in Gesellschaft spielt, mit sich allein. Allein mit seiner Unfähigkeit, seinem Ehrgeiz, seinem Pech und seiner Psyche. Ich lernte am Golfplatz hauptsächlich mich selbst kennen. Keine angenehme Bekanntschaft, kann ich Ihnen sagen!

Ich bin, was man in Wien ein „Psycherl" nennt, oder, um es weniger liebevoll auszudrücken, ein Nervenbündel pervers-perfektionistisch-masochistischer Prägung. Und außerdem konzentrationsunfähig.

Mich interessiert der schönste Golfschlag nicht, wenn er zwei Meter übers Grün hinausgeht, denn es zählt nur das Score. Aber auch der sogenannte „l.b.u. – lousy but useful" gibt mir nichts, denn wenn ich schon zwei Meter neben der Stange lande, so soll das auf einen gelungenen Schlag zurückzuführen sein.

Heute verwende ich, wenn es Topographie und Tagesform zufällig zulassen, den Driver, und weil dieser inzwischen ein Gerät der absoluten Spitzenklasse ist, treffe ich damit, na sagen wir, in etwa 80 % der Fälle. Nichts Schlimmeres kann mir passieren. Kaum habe ich, so bis zur halben Höhe maximal, ausgeschwungen, werfe ich den Schläger weg, trample darauf herum und streue Erde auf mein Haupt ob des Unglücks, das über mich hereingebrochen ist. Denn so ein Schlag eröffnet mir die Aussicht, regulär das Grün zu treffen und damit die Chance auf ein Par. Beziehungsweise, wenn die Fahne zufällig dort steht, wohin mein Ball verhüpft, auf ein Birdie.

Was meinen Sie, was ich bei diesem zweiten Schlag mitmache! Das Adrenalin beutelt meinen Kadaver, mein Nervenkostüm beginnt zu schlottern, die linke Schulter dreht sich nicht, sondern fällt zu Boden, und in der Weiten- bzw. Präzisionshysterie, die jetzt ausbricht, verkrampft sich alles, was sonst noch von mir vorhanden ist. Wie im Fieber hetzt mein Blick, samt Kopf natürlich, hinter dem Ball her.

Der ist aber seelenruhig liegengeblieben. Nur ein grundstückgroßes Divot begibt sich Richtung Grün. Ich weiß genau, was ich falsch mache, ich kenne meinen Fehler; trotzdem kann ich ihn nicht korrigieren. Was ich am Golfplatz am dringendsten brauchen würde, ist ein Analytiker.

Daher liebe ich den mittelprächtigen Abschlag. So eine halbherzig getroffene Gurke, die auf halbem Weg verkümmert. Nur sie gibt mir die Möglichkeit zu einem unbefangenen zweiten Schlag. So löse ich auf jedem vernünftigen Par 4 das Problem der ersten 300 Meter. Für den schäbigen Rest, egal ob 20 oder 100 Meter, brauche ich dann noch zwei Schläge und zwei Putts.

Auf diese Weise habe ich auch einen treuen Freund gefunden, der mich auf jeder Runde verläßlich begleitet. Leider wird vom Doppel-Bogey niemand behaupten, daß er auch ein guter Freund ist.

Trotzdem macht mir Golfen richtig Spaß. Was mir auf einer Runde, meist mitten im Schwung, alles einfällt, glauben Sie mir, das ist wirklich lustig.

Leider vergesse ich es immer, bis ich an der Maschine sitze.

Ein Turnier in Thailand:

SIX-SOME IN SIAM

Ein Mensch, dem gutes Golf verwehrt,
zum Training gar nach Thailand fährt.
Dort golft man, was d' kaum glauben möchst,
am Wochenend' sogar zu sechst!

Kaum in Bangkok wieder sicheren Grund unter den Füßen, traktiere ich unseren Travel-Agenten wegen der Startzeiten in Hua Hin. Obwohl für unsere Betreuung im Rahmen eines sogenannten Golf-Packages zuständig, hat er keine Ahnung, was eine Tee-Time ist. Trotzdem verspricht er beflissen, sich unserer Sache anzunehmen.

Zwei Tage vergehen. Ich werde nervös und klingle ihn aus seiner beschaulichen Ruhe. Alles geritzt, sagt er, für Donnerstag und Freitag hätte er Tee-Times, das ominöse Wort noch immer ungläubig im Mund zerbröselnd. Nur von Samstag bis Montag, einem hohen siamesischen Feiertag, gibt's keinen Tee in Thailand.

„Zu was", sage ich in meinem furchterregendsten Englisch, „glauben Sie, haben wir die weite Reise gemacht? Um hier zu feiern?"

„Your problem", antwortet er, aber vielleicht ist an Ort und Stelle mit Bakschisch was zu erreichen.

Was soll's, gebucht ist gebucht, und von einem Reisebüro an der Donau kann man wirklich nicht verlangen, alle Feiertage am Chao Phya River zu kennen. Obwohl: irgendwie g'hört's schon dazu!

Im Wagen feinster japanischer Herkunft zieht's. Der Chauffeur ist nicht einmal mit 1000 Baht zu bewegen, die Klimaanlage

Meer, Palmen und barbusige Mädchen. Gibt es Schlimmeres?

leiser zu stellen. Vielleicht weiß er auch bloß nicht, wo der zuständige Knopf ist. Die Straße ist mehrheitlich miserabel, der Verkehr enorm. Vornehmlich sind es Lastwagen, die im Wahnsinnstempo dahinrasen und in offenkundiger Mordabsicht überholen.

Mit den übrigen Utensilien seines Wagens kann unser Driver aber umgehen. Wir geraten höchstens dreimal in mittelschwache Lebensgefahr. Nach drei Stunden erreichen wir leichenblaß, durchgebeutelt und windschief den mäßig lieblichen Badeort Hua Hin an den Ost-Shores der Bay of Siam.

Der Golfclub schmückt sich mit der Beifügung „Royal". Das Clubhaus sieht sich, zumindest von außen, recht imposant an. Nicht ganz dem königlichen Status entspricht, daß man im Buffet an Wochentagen nichts zu essen bekommt. Dieses Problem minimiert sich insofern von selbst, als es in den Waschräumen auch kein Wasser gibt, so daß man sich nach der Runde die Hände sowieso nicht waschen kann. Gerechterweise ist anzumerken, daß man am Platz selbst Verpflegestationen in ausreichender Anzahl antrifft.

Irgendwo neben dem Gebäude haben die meist weiblichen Caddies ihre Ruheplätzchen. Der Ergreifung eines lukrativeren thailändischen Frauenberufs dürften vor allem optische Gründe entgegenstehen. Sympathisch an ihnen finde ich, daß sie ihre ausdrucksstarken asiatischen Namen noch nicht in Natascha, Mitzi oder Jennifer umgewandelt haben, sondern noch immer „Samtweiches Bakschisch-Händchen" oder „Odeur des Orients" heißen, auch wenn das auf siamesisch schwer auszusprechen ist. Von Golf verstehen sie nichts.

Für die Charakterisierung des Platzes eignet sich am besten die Vokabel „natürlich" in seinem eigenschaftswörtlichen Gebrauch. Dazu muß ich unbedingt anmerken, daß ich überhaupt nichts gegen naturbelassene Plätze habe.

Mehr noch: Hua Hin ist mir lieber als manche dieser gekünstelten, geometrisch ausgetüftelten, antiseptischen Spielwiesen, die man jetzt immer öfter antrifft.

Trotz des teilweise hügeligen Geländes - speziell auf den kurzen Löchern gilt es so manche roughige Schlucht zu überwinden – ist der Kurs nicht anstrengend. Zu zweit machen wir ihn, trotz der Länge von fast 6000 Metern, locker in knapp drei Stunden nieder. Der Pflegezustand ist angesichts des Umstandes, daß wir uns auf etwa 12 Grad nördlicher Breite befinden, durchaus befriedigend. Nur auf einigen Abschlägen empfiehlt sich zum Einsetzen der Tees der Gebrauch eines Vorschlaghammers.

Auffallend ist die große Zahl streunender Hunde. Angeblich sind sie friedlich, nur selten betrachten sie den Ball als Apportel. Dann begeben sich die Caddies auf lustige Treibjagd, bis die Fairwaymischung den Ball am anderen Ende des Platzes wieder ausspuckt. Der Bahnzufall bewirkt Lochscores, die ich längst überwunden glaubte. Nachdem wir auf zwei netten und schnellen Runden den Kurs für gut befunden hatten, verhandeln wir mit der Sekretärin wegen der Wochenend-Startzeiten. Nach längerem Disput willigt sie, offenbar um uns loszuwerden, ein und schreibt – wir bestehen darauf! – sogar unsere Namen in die undefinierbare Kolonne eines undefinierbaren Buchs.

Am nächsten Tag wimmelt es am staubigen Parkplatz von Luxuskarossen und livrierten Chauffeuren. Im Clubhaus herrscht beängstigendes Gedränge. Ich gehe zur Sekretärin, deute auf das Buch und wachle mit dem Greenfee. Sie tut so, als ob sie uns nicht kennen würde, wachelt ab und deutet auf die versammelte Menschenmenge. Ich solle zum Starter gehen. Beim Blick aufs erste Tee überfällt mich das nackte Grausen. Geringgeschätzt stehen dort an die 100 Leute herum, davon zugegeben eine größere Anzahl Caddies. Der Tag ist verdorben, denke ich, ich werde ihn glatt am Strand verbringen müssen. Nix als kristallklares Meer, Palmen und barbusige Mädchen! Gibt es für einen Golfer eine schauerlichere Vorstellung?

Endlich ermittle ich die Starterin. Bevor ich noch den Mund aufmachen kann, sagt ein freundlicher Thai, daß es ihm eine Ehre wäre, würden wir seinen noch unkompletten Flight ergänzen. Wir müßten uns aber beeilen, man ist schon dran.

Und wie wir uns beeilen. Wieder am Abschlag sagt mein neuer Freund, er hätte schon abgespielt, dieser Gentleman auch, jener wär' grad dabei, dann käme ich und die beiden Ladies (seine und meine) mögen sich bitte gütigst aufs Damen-Tee bemühen.

Wie bitte???

In Thailand, werden wir belehrt, begegnet man dem chronischen Mangel an Golfplätzen an Wochenenden durch Six-Somes. Minimum!

Na gut. Ich stolze aufs Tee und lasse meinen Blick über das vor mir liegende Par 5 schweifen. In möglicher Drive-Distanz geht es zu wie in einer österreichischen Amtsstube in der Stoßzeit des Parteienverkehrs. Hinter dem Schalter! Etwa 15 Personen stehen, sitzen, lehnen, liegen herum, plaudern, schneiden Nägel, lesen Zeitung usw. 180 Meter davor dasselbe Bild und am Grün sieht es ähnlich aus. Das kann ja heiter werden!

Als wir endlich losmarschieren, fallen wir ins nächste Staunen. Es setzen sich genau 22 Leute in Bewegung. Zu den sechs Spielern und sechs regulären Caddies kommen noch drei Subcaddies (für Sesselchen und Sonnenschirm) sowie sieben Familienangehörige unserer Spielpartner. Meist weiblichen Geschlechts trippeln sie fröhlich schnatternd in Stöckelschühchen und mit Gucci-Parapluies um uns herum. Das ist kein Golfflight, das ist eine Prozession!

Die Wartezeit vor jedem Schlag beträgt durchschnittlich zwanzig Minuten. Die Kunst des Spiels besteht nicht darin, den Ball halbwegs perfekt zu treffen, sondern sich lang genug zu merken, wohin man ihn geschlagen hat.

Von Disziplin keine Spur. Jeder läuft rücksichtslos seinem Ball nach, sobald er ihn wieder ein paar Meter weiterbewegt hat. Kein Wunder, niemand hat Übersicht. Größte Ver-, (nicht Be-) wunderung der Thais erregen wir, als wir ihnen beim Ballsuchen behilflich sind. Sowas haben sie noch nie erlebt! Auf den Par 3 schlägt man ab, sobald der Vorflight seine Bälle am Grün markiert hat. Sie fangen dann zu putten an, während wir zum Grün gehen. Das verkürzt das Spiel, heißt es.

Tatsächlich! Obwohl wir die Runde erst gegen 3/4 11 begonnen hatten, erreichen wir das 18. Grün noch vor Einbruch der Dunkelheit! Trotzdem war es nett. Beim Abschied versichert man uns, daß es morgen nicht so busy sein wird. Da sei kein Turnier!

Am Sonntag ist es tatsächlich besser. Wir spielen zwar wieder in einer Six-Some, aber insgesamt sind wir nur 19 statt 22 Personen und die Runde dauert auch nicht 7 3/4 sondern nur 7 1/2 Stunden. Am Montag-Feiertag verzichten wir dann auf Golf. Als Strandlektüre kaufe ich mir die Samstag-Zeitung. Darin finde ich als Leser-Service Hinweise, auf welchen Plätzen man am Wochenende ungetrübtem Golfvergnügen nachgehen kann. Jemand erzählt uns, daß auf manchen Plätzen auch 9er- und 12er Flights üblich sind.

Da sind wir ja noch einmal davongekommen!

Ein Service des Arbeitsamtes:

SUCHEN SIE EINEN MILLIONENJOB?

Sehr verehrter, am liebsten allein spielender Golfer! Sie fallen mir auf, Verehrtester! Und zwar zunehmend und unangenehm!

Besonders wenn Sie trainingshalber mit zwei oder mehr Bällen von einem Rough ins andere taumeln und dabei geflissentlich übersehen, daß hinter Ihnen schon ein paar Foursomes zappeln.

Möglicherweise haben Sie aber auch andere Beweggründe.

Kontaktarmut zum Beispiel. Aber dann haben Sie das falsche Freizeitvergnügen gewählt und sollten eher wie Reini Messner solo auf Achttausender kraxeln. Vielleicht genieren Sie sich auch bloß für Ihr Gegurke und wollen Ihren Mitmenschen damit nicht auf den Nerv gehen. Glauben Sie mir: Abgesehen davon, daß auch dem erfahrensten Golfer immer wieder mal ein Ball abreißt, erinnert sich jeder von uns an seine Anfänge und hat Verständnis. Und außerdem, wie wollen Sie jemals das Procedere am Platz, Regeln und Etikette, lernen, wenn nicht auf Runden mit alten Hasen? Auf kein Verständnis stoßen Sie nur, wenn Sie allein spielen, denn, ob Sie's wahrhaben wollen oder nicht, Sie stören den Betrieb!

Außerdem versäumen Sie was. Und zwar die Chance, neue Freunde oder Bekannte zu gewinnen. Golfer sind nämlich – und ich hoffe, Sie haben keinen Grund, mir zu widersprechen – großteils nette und sympathische Menschen. Meist mit guten Umgangsformen und zudem noch kluge Gesprächspartner. Dumme, das sind die, die zuviel zu g'scheit reden, kommen zwar auch im Golf vor, aber die bleiben meist eh unter sich.

Sagen Sie nicht, Sie finden keine Partner! Gehen Sie zum ersten Abschlag, machen Sie in der Nähe ein paar Chips und es wird nicht lange dauern, bis eine Two- oder Threesome, oder so ein Solist wie Sie, daherkommt. Fragen Sie, ob Sie mitspielen dürfen und jeder wird Sie willkommen heißen. Sagen Sie nicht, daß Sie Anfänger sind. Das merkt man sowieso spätestens beim sechsten Probeschwung. Wichtiger ist, daß Sie sich vorstellen und sich die Namen Ihrer Spielpartner merken.

Das Spannendste an Golf ist nämlich nicht, ob man den Ball im Busch wiederfindet, sondern daß man nie weiß, an wen man gerät. Womit ich endlich den perfekten approach geschafft hätte und gewissermaßen tot an der Fahne liege.

Suchen Sie vielleicht zufällig gerade einen Job? Dann dürfen Sie nie wieder allein spielen! Laut einer Studie, die ein deutsches Wirtschaftsmagazin anstellen ließ, werden rund 70 % aller Positionen ab einem Jahresgehalt von 175.000 Mark heutzutage ausschließlich mit golfspielenden Bewerbern besetzt.

Aber es kommt noch besser! 540 „repräsentativ ausgewählte deutsche Manager mit einem Jahressalär ab 215.000 Mark" sagten „auf Heller und Pfennig", was Golf ihren Unternehmen bringt, und das wären EU-weit nicht weniger als zwei Drittel aller Geschäfte ab einem Auftragswert von 15 Millionen Mark gewesen. Rechnet man allerdings die „kleinen Fische", das sind Geschäfte unter 15 Millionen Mark, dazu, die offenbar fallweise noch außerhalb von Golfplätzen abgeschlossen werden, sinkt dieser Anteil auf etwa ein Drittel. Was, wenn's stimmt, so schlecht auch nicht wäre.

Ich kann Ihnen, verehrter Einzelgänger, aber auch mit detaillierten Angaben den Mund wässrig machen.

Sind Sie zufällig in der Computer-, Chemie- oder Pharmabranche beschäftigt? Dann sind Ihnen am Weg zwischen Tee und Green zusätzliche Umsätze bis zu einem Ausmaß von 33 % entgangen, wobei es sich je nach Branche zwischen 69 und 97 % (!) um Abschlüsse mit neuen Kunden gehandelt hätte.

Als Angehöriger der Autoindustrie hätten Sie sich über zusätzliche Umsätze von 34,6 % freuen dürfen, davon allerdings nur läppische 16 % mit neuer Kundschaft. Sollten Sie ein Luftfahrts-, Mode- oder Handelsunternehmen besitzen, hätte auch noch eine Umsatzsteigerung von etwa 15 % herausgeschaut, wenn Sie nicht allein über den Golfplatz gewandelt wären.

Ich warte zwar noch immer auf meinen Millionenjob, bei Ihnen kommt aber sicher mehr als ein socket raus, wenn Sie nicht allein über den Golfplatz gehen.

Golf in Irland:

MANCHMAL GING'S IN DEN LINKS

Ein Mensch namens Rabe, der motzt
und seiner Begabung gern trotzt,
spielt Golf auch auf irischen Links.
Und siehe! Ein paarmal, da ging's!
Da war er dann schon sehr verdotzt!

Was Sie sich vorstellen müssen, ist ein Gebiet zwischen Land und Meer, ein Küstenzwischengebiet gewissermaßen. Karg muß es sein und für den menschlichen Gebrauch völlig ungeeignet. Wenn Sie es weder Ihrem ärgsten Feind noch Ihrem abgehärtetsten Hammel als Aufenthaltsort zumuten würden – dann liegen Sie richtig!

Unser Land ist windumbraust, sturmzerzaust, zerschluchtet und verkratert. Der Boden ist sandig; der Sand türmt sich stellenweise zu Dünenkämmen, auf denen borstige, kratzige Kräuter vegetieren. Dazwischen vegetiert vielleicht noch allerlei niedriges Getier, stets bereit, in vorsorglich vorbereiteten Erdlöchern in Deckung zu gehen.

In solches nutzloses, unwegsames Gelände bauen die Iren mit Vorliebe ihre Golfplätze. „Bauen" ist vielleicht ein bißchen zuviel gesagt. Ich denke, sie ziehen mehr oder minder gerade Striche zwischen 100 und 600 Meter Länge über Dünenhügel und durch Mondkrater, legen am Anfang ein paar Abschläge und am Ende ein Green an, verlassen sich darauf, daß sich dazwischen ein Fleckchen Gras als Fairway findet, verzieren das Ganze noch mit vielen kleinen, tiefen Sandhöhlen und nennen es „Linkskurs".

Was dabei herauskommt, sind traumhafte, hochinteressante Golfplätze. Golfplätze, von denen sich einzelne Löcher auf ewig einprägen, oder Golfplätze, die man in ihrer Gesamtheit nie wieder vergißt. Ich glaube ernsthaft, daß so ein kontinentales Golferleben nicht erfüllt ist, solange man keinen irischen Linkskurs gespielt hat.

Die Iren scheinen der gleichen Ansicht zu sein. An Wochenenden, zum Beispiel, hat man in Dublin und Umgebung, aber auch auf den bekannten Plätzen des Südwestens, kaum eine Chance. Und auch unter der Woche sollte man sich rechtzeitig um Startzeiten kümmern, denn da gibt es, wie es Lyam, einer meiner irischen Golfpartner, ausdrückt, „Ladie's days and this and those", die auch nichts als endlose Wartereien versprechen.

Ich kriege für Dienstag Punkt 12 eine Startzeit in Portmarnock. Als ich am mittleren Vormittag auf den Balkon meines Hotelzimmers trete, strahlt die Sonne auf die Dublin Bay und die sie begrenzende Halbinsel Howth. Die Wipfel der Bäume des Hotelparks wiegen sich leise säuselnd in einer sanften Brise.

Vierzig Minuten später, bei der Anfahrt auf Portmarnock, geht manchmal ein leises Zittern durch meinen Fronttriebler, und auf die Windschutzscheibe knallen mit hartem Schlag ein paar Regentropfen. Beim Aussteigen lerne ich die Henkeln, die mein Auto am Dach hat, schätzen; kann ich mich wenigstens festhalten.

Die kärglichen Dornenbüsche, die rings ums Clubhaus stehen, haben aus meinem Blickwinkel alle eine fatale Neigung nach links. Heißt es deswegen Linkskurs? Noch ist mir zum Blödeln.

Drinnen im Clubhaus zeigt mir Wally, der Sekretär, das Anemometer. Der Richtungsanzeiger rast, wie von einer ganzen Schafherde gebissen, auf einem Feld von 180 Grad umher, der Geschwindigkeitsmesser pendelt zwischen 30 und

50 Meilen pro Stunde. Draußen, in der Irischen See, schickt der Sturm gerade einen italienischen Schoner auf Grund. Mit Giftfässern. Vielleicht haben Sie davon gelesen.

„These pretty nice winds“, meint der Sekretär gelassen, tragen einiges zum Reiz von Portmarnock bei. Immerhin gesteht er dem Lüfterl den Plural zu.

Er verzieht auch keine Miene, als ich ihm erkläre, daß ich die Championshipkombination seiner 27 Löcher spielen werde. Okay, sagt er, aber nehmen Sie die Gentlemen-Tees, die sind bei Par 72 und Standard 74 nur 6300 Meter lang. Nur!

Dann begleitet er mich sogar noch vors Clubhaus, und als ich am ersten Abschlag stehe, legt er beide Hände trichterförmig vor den Mund und brüllt mir ein „Farewell“ zu. Ein letztes?

Portmarnock ist gut zu mir und gewährt mir auf der ersten, relativ breiten Bahn ein Bogey. Die Zähne zeigt es erst am zweiten Loch; es hat Index 8, was auf einer 27-Loch-Karte zweitleichteste Möglichkeit bedeutet. Mein Ball zieht schnurgerade davon, bedingt durch die Dünen sehe ich zwar nicht, wo er landet, aber irgendwo da vorne muß ja Fairway sein. Der Himmel ist inzwischen zu mir herabgekommen; die Wolken jagen dicht über mir dahin, der Regen peitscht mir waagrecht ins Gesicht. Meine Brillengläser sind naturgemäß beschlagen.

Durch das dicht mit Seegras, Heidelbeerkraut und anderem Hederich bewachsene Pre-Rough schlängelt sich ein schmaler Pfad. Nach knapp 200 Metern wird mir klar, daß mein Ball so weit nicht geflogen sein kann. Die Suche erweist sich als erfolglos, das langsam sichtbar werdende, kaum 30 Meter breite Fairway ist leer. Der erste Strich. Als geeichter Golfer weiß ich natürlich, daß ich bei Sturm plus/minus zwei Schlägerlängen kalkulieren muß. Hier degradieren die Verhältnisse mein mächtiges Dreierholz zum mickrigen Staberl. Manchmal erreiche ich damit keine 120 Meter, dafür geht das Neuner-Eisen manchmal 150. Egal – beides bedeutet Ballverlust!

Ich bin auch keineswegs der einzige am Platz. Immer wieder laufe ich auf bedächtig spielende Foursomes auf und muß warten. Kann ich mir wenigstens die Topographie einprägen. Das 14. Loch, zum Beispiel, das quer über das Gelände geht, oder das 15., ein 180 Meter Par 3, auf der Außenseite der Halbinsel, parallel zur Irischen See.

Hier büße ich meinen 5. Ball ein. Gebraucht natürlich, ich bin vielleicht verrückt, aber nicht blöd!

Unverdrossen warte bzw. spiele ich weiter. Das irische Wetter, hat Wally gesagt, wäre etwas „capricious", das einzig Gute daran ist, daß Schlechtwetter kaum länger dauert als Schönwetter.

Und tatsächlich. Kaum dem 15. Loch entronnen, klart es auf. Der Wind läßt nach, die bereits tiefstehende Sonne taucht den Platz in märchenhaftes Schräglicht. Die ruppigen Büsche werfen bizarre Schatten, aus den Heidelbeeren funkeln die Wassertropfen.

Ich bereue nichts – und außerdem war es der einzige Tag in fünf Wochen Irland mit solchen Wetterverhältnissen!

Den Rest erledigen ein paar half pints of Guinness, und am Heimweg luge ich schon wieder ganz lüstern hinüber auf die Insel, auf der die 18 Löcher von Royal Dublin liegen.

„The" Royal Dublin Golf Club, heißt es genau, wie „die" Loren oder „der" Gottschalk. Die Clubgeschichte liest sich wie ein Golf-Gotha. Angefangen von John Ball jr. (nie gehört von dem Jungen? Na, immerhin liegt er mit neun gewonnenen Majors an vierter Stelle der ewigen Bestenliste!) über Bobby Jones und Arthur D'Arcy „Bobby" Locke bis zu Greg und Seve, hat hier alles gespielt. 1985, zum Clubcentenarium, hat Bernhard Langer mit 21 unter Par einen neuen Vier-Runden-Rekord aufgestellt.

Der Platz ist bei Par 73 rund 6030 Meter lang. Außerdem ist er etwas ebener als Portmarnock, und die Fairs kommen mir eine Spur breiter vor; insgesamt wirkt er auf mich etwas übersichtlicher. Das kann aber auch am freundlicheren Wetter liegen. Die Wolken sind verschwunden, der Wind ist im Nachlassen begriffen, und zu Mittag kriegt es in der Sonne 20 Grad, das ist für Dublin im September schon fast heiß.

Ich erweise mich der berühmten Stapfen, in denen ich wandle, durchaus würdig. Nur am 16. Loch, dem mit Abstand leichtesten am Platz, verfange ich mich etwas in den 12 Bunkern, die hier auf lächerliche 240 Meter verteilt sind. Warum mir die Golfplatz-Designer auch immer wieder den Spaß verderben müssen!

Dublin mit seinen knapp 3/4 Million Einwohnern verfügt über zahlreiche Golfplätze, darunter auch prachtvolle Parklands, auf denen mächtige Bäume den Wind etwas abhalten. Ich könnte also noch ein paar Wochen hierbleiben, aber es zieht mich hinüber an den Atlantik, an die größtenteils schroffen Küsten Donegals.

Das Sand House Hotel in der Nähe von Rossnowlagh liegt aber am flachen, feinsandigen Strand der Donegal-Bay im Süden der Grafschaft. In der gleichen Bucht, keine 10 Minuten vom Hotel entfernt, befinden sich auch die Links von Murvagh. Vielleicht hat man 1979, beim Bau, auch ein bisserl an so ewige Anfänger wie mich gedacht, jedenfalls sind die Fairs hier relativ breit und die Roughs etwas dünner als anderswo. Dafür sind die Dünenhügel etwas höher, freundlicherweise werden sie aber manchmal für erhöhte Abschläge genützt. Besonders einprägsam sind die Bahnen 3-8, eine Traumkombination von je zwei Par 3-, 4- und 5-Löchern.

Nächster Tag Sligo County, auf einer Halbinsel namens Rosses Point nördlich der Stadt. Der Club ist stolz auf seine über 100-jährige Geschichte, am Tresen der Bar liegt eine

Broschüre, in der alle besseren Golfer von Henry Cotton bis Bernhard Langer Statements zum Platz abgeben. Wie üblich behauptet jeder von einem anderen Loch, es wäre das beste der Welt.

Am Weg liegt das kleine Dorf Drumcliff, auf dessen Friedhof unter einem Stein vom Ben Bulben, dem charakteristischen Tafelberg der Gegend, William Butler Yeats begraben ist.

Ich schwöre, im Angesicht des großen irischen Heimatdichters und Nobelpreisträgers nicht um ein gutes Golfscore gebetet zu haben. Das 17. Loch, zum Beispiel, ein 414 Meter Par 4, dogleg links bergauf, mit je einem maximal billardtischgroßen Fairwayfleck vor und nach dem Knick, gerät mir nicht zur Ruhmestat, im dichten Dickicht der stark hängenden Löcher 10 und 11 verliere ich sogar zwei Bälle.

Eine Halbtagsreise südlich von Rossnowlagh liegt Clifden in Connemara. Auf der Strecke einige der schönsten irischen Landschaften und der Golfplatz von Westport, der, wie mir ein durchaus kompetenter Engländer erzählt, schlichtweg „breathtaking" sein soll. Wir fahren durch bis ins Rock Glen Country House Hotel, um dort zu erfahren, daß in Connemara eben eine Turnierwoche begonnen hat und freies Golfspiel nicht möglich ist.

Obwohl von der Idee, auf Links Turnier zu spielen, nicht eben angetan, bleibt uns nichts anderes übrig. Der Platz liegt – wo sonst? – weit draußen an der Küste. Gäbe es Wind, hätte er ungehinderten Zutritt. Wir spielen mit Eoghan, einem jungen Clubmitglied. Er erklärt den Connemara-Greenhorns jedes Loch und verkneift sich höflich jede Bemerkung über die Tatsache, daß wir seinen Ratschlägen nur bedingt zu folgen vermögen. Trotzdem habe ich am Ende der front-nine 19 Punkte am Konto.

Auf den nächsten vier Löchern ergattere ich nochmals 11 points, dann macht mir die Platzlänge den Garaus. Fast 2200 Meter für nur fünf Löcher sind zuviel für mich. Insgesamt ist der Platz bei Par 72 (SSS 73) 6200 Meter lang, da hilft auch nicht, daß die Fairways relativ breit und die Roughs schon so dicht sind, daß sie den Ball tragen. Immerhin habe ich Handicap gespielt, das ist auf einem Linkskurs schon was! Wenn auch nicht genug, um eine irische Trophäe nach Hause tragen zu müssen.

Mein uneigennützigster Freund – Meyers Großes Taschenlexikon in 24 Bänden – definiert den Limerick als Fünfzeiler in der Reihenfolge aabba mit komisch-grotesker, häufig ins Unsinnige umschlagender Endzeile.

Der etwas verwackelte Limerick am Anfang dieses Kapitels mit besonders unsinniger Endzeile überkam mich in Lahinch. Das ist kein Zufall!

Lahinch ist ein golferisches Kuriositäten- und Raritätenkabinett. Voller Nonsens und Gags. Kein Loch gleicht dem anderen. Jedes Loch hat seinen eigenen „special effect". Lahinch ist wie ein Film der Monty Pythons, für Liebhaber schwärzesten Humors.

Und ergo etwas für mich.

Club und Platz haben, wie in Irland fast üblich, ihre 100 Jährchen auf dem Buckel. Das erste Design lieferte Old Tom Morris; für ein Pfund Pro Loch plus Spesen, wie die Fama berichtet. Anfang des Jahrhunderts baute man mit Hilfe von George Gibson, immerhin Pro von Westward Ho!, etwas um, war aber mit dem Ergebnis nicht recht glücklich. Man ärgerte sich zwanzig Jahre lang und holte schließlich einen gewissen Alastair McKenzie, einen Medizindoktor, der sich am liebsten auf Golfplätzen herumtrieb.

Der Griff war gut, Lahinch wurde sein Gesellenstück. Die Meisterstücke von McKenzie heißen Augusta (gemeinsam mit Bobby Jones), Pebble Beach und Cypress Point.

Ein Loch, das sechste, trägt noch die Originalhandschrift von Old Tom. Es ist ein Par 3, gar nicht lang, 135 Meter, nebbich. Sie stehen am Abschlag und blicken in eine kleine, durchaus liebliche Gebirgslandschaft von seebegrasten Dünenhügeln. No green in front! Es versteckt sich zwischen den Gebirgen, in der Talsohle hinter dem ersten Hügel. Lahinch ist voll von solchen Späßen, aber glauben Sie nicht, daß sich auch nur einer wiederholt. Die Länge des Platzes? Vollkommen uninteressant! Lahinch entzieht sich so kleinlichen Dingen wie dem Zentimetermaß! Wie spielten Lahinch mit zunehmender Begeisterung dreimal. Und immer gut!

In Lahinch muß man sich auch unter der Woche um eine Startzeit kümmern. Viele Touristen da! Das gleiche gilt für den Old Course von Ballybunion, auch so ein westirisches Golfjuwel. Sie haben von diesem Platz sicher schon gehört. Das ist der, auf dem man immer wieder an einem Friedhof vorbeispielt und an die Vergänglichkeit jedweden Golferlebens erinnert wird.

Wir wollten Ballybunion im Vorbeifahren erledigen und stehen voll auf der Seife. Prompt könne man uns nur den New Course, erst kürzlich von Robert Trent-Jones in die Dünen gelegt, offerieren. Wir schauen uns betropezt an, denn von dieser Kreation spricht ganz Irland. Genausogut kannst du auf den Mond fliegen und dort versuchen zu golfen, hat einer unserer irischen Golfratgeber gemeint.

Na ja, denke ich mir, so schlimm wird's schon nicht sein. Es ist aber schlimmer! Die ersten neun Löcher führen durch die Unwegsamkeit einer tatsächlich außerirdisch anmutenden Landschaft. Fairways sind allenfalls dort, wo früher zwischen dem stacheligen Gestrüpp die Schafe ihre karge Nahrung gefunden haben. Oftmals nicht breiter als der Trampelpfad der Hirten und manchmal kaum größer als anderswo ein Grün. Bälle gehen hier verloren wie die Herzen in Heidelberg. Ich spreche aber nicht von mir oder meinem Triebwerk, sondern von Graham, dem uns begleitenden Manchestrian mit Handicap 10!

Umso größer ist unsere Überraschung, als Ballybunion II auf der Backnine plötzlich zu einem Golfplatz der herkömmlichen Art gerät. Wenn man von einem 360-Meter-Loch, auf dem kein Gras wächst, sondern nur Sand liegt, einem 290 Meter-Par 4 praktisch ohne Fairway und einem 585 Meter-Par 5 (von den Gentlemen-Tees!) absieht.

Trotz allem möchte ich die Trent-Jones-Links von Ballybunion in meiner Kollektion nicht missen. Plätze wie den alten Kurs wird es viele geben.

Unsere nächste Bleibe liegt nahe am Ring of Kerry, wohl eine der abwechslungsreichsten Panoramastraßen auf dieser insgesamt nicht abwechslungslosen Welt. Außerdem wollen wir von hier aus die Links von Waterville und Tralee und die beiden Parklands von Killarney heimsuchen.

Waterville liegt traumhaft direkt am Meer bzw. an einer Lagune, auf deren Sandbänken Reiherkolonien leben. Landeinwärts erstrecken sich die Ausläufer eines mächtigen Gebirgsmassivs, seewärts heben sich – faraglionegleich – die Felsen der vorgelagerten Klippen aus dem Dunst. Das erste Loch, ein 360 Meter-Par 4, knapp an der Platz- und somit Outgrenze, mit drei mächtigen Fairway- und zwei ebensolchen Grünbunkern, nennt sich „Last Easy". Für mich hätte es „Last Bogey" heißen sollen, obwohl die front-nine im großen und ganzen amerikanisch-platzverschwenderisch angelegt ist. Architekt des bei Par 73 etwas über 6000 Meter langen Platzes ist übrigens Eddy Hackett.

Auf den zweiten neun Löchern wird's dann eng. Die Spielbahnen gleichen schmalen Schläuchen, die dichtbewachsenen Dünenkämme rücken bedrohlich nahe. Den Schlag, den man hier braucht, habe ich noch nicht erfunden.

Der Golfplatz, der sich Tralee nennt, liegt etwa 15 Kilometer außerhalb der gleichnamigen Stadt auf den Klippen von Barrow Harbour. Wonach man sich erkundigen muß, sind die

Zeiten der Gezeiten: Bei Flut ist Barrow Harbour auf 1 ½ Stunden von der Umwelt abgeschnitten.

Das Layout stammt von Arnold Palmer, der ab und zu vorbeischaut, um sich davon zu überzeugen, daß sein 5960 Meter-Par 72-Werk gelungen ist. Atemberaubend sind vor allem die Par 3-Löcher: drei von vieren führen entweder über das Meer oder über tiefe Dünenschluchten. Damit nicht genug, sind einige Bahnen der back-nine an szenarischer Dramatik kaum zu überbieten – und von mir naturgemäß nicht zu bewältigen.

Der Killarney Golf and Fishing Club mit seinen 36 Löchern ist direkt am Lough Leane im Angesicht der Macgillycuddy's Reeks gelegen. Wenn meine Beobachtungen stimmen, kommt die Lage des Platzes nicht von ungefähr: Die Reeks halten die vom Südwesten heranstürmenden Wolkentürme auf, über dem See regnet's noch, die Golfplätze liegen in der Sonne.

Startzeiten sollte man buchen. Da beide Plätze ganz flach sind, reicht die Kondition sogar für beide Plätze an einem Tag. Die zweiten 18 Löcher finanzierte übrigens der Irish Tourist Board. Er macht das doppelte Geschäft: Eins mit dem Touristen, das andere mit dem Golfplatz.

Ich mag mich nicht entscheiden, ob mir Killeen (5950 Meter, Par 72) oder Mahony's Point (5830, Par 72) besser gefallen hat. Ich mag beide, weil es ordentliche und gut in Schuß gehaltene Golfplätze in romantischer Seelage sind, die allen Spielstärken eine faire Chance geben. Und weil ich hier immer gut gespielt habe, natürlich.

Verzeihen Sie mir, verehrter, vereinzelter Leser, wenn ich zum Schluß meines Irlandberichts oberg'scheit spiele und mich zu einem Ratschlag versteige. Seit ich aus Irland zurück bin, wurde ich einige Male – und gar nicht süffisant – gefragt, ob ein Golfer wie ich auf Linkskursen überhaupt etwas zu suchen hat. Meine allgemeine Antwort lautet:

Hc 0-18: Unbedenklich, solange der Wind nicht so stark weht, daß man beide Hände braucht, um die Fahne wieder ins Loch zu stecken.

Hc 19-27: Wenn Sie gerade gut in Form sind.

Hc 28-36: Allenfalls bei absoluter Windstille, um einmal einen Linkskurs gespielt zu haben. ABER BITTE NICHT ZÄHLEN!

Golfer „in the lower hundredtwentie's" sollten Linksplätze lieber meiden. Es ist ganz einfach kein Spaß! Und da sich in Irland überall auch wunderschöne Parklands finden, ist es auch nicht notwendig. Wer noch nicht gut golft, muß und soll deshalb auf eine Irlandreise nicht verzichten.

WIE MAN EINEN EAGLE SCHIESST

Ein Mensch golft schon das x-te Jahr
und spielt noch immer selten Par.
Doch jetzt, ich schwör's mit Brief und Siegel,
ist sein Rekord ein echter Eagle!

Das Durchschnittshandicap aller österreichischen Golfer liegt etwas unter 30.

Allein dieser Umstand berechtigt zur Annahme, daß ein Eagle in Österreich eher Seltenheitswert genießt. Auch ich, in meiner grenzenlosen Naivität, lebte lange Jahre im Glauben, daß ein Schuß, der aus 150, 100 oder auch nur 25 Metern Distanz im Loch landet, reiner Zufall wäre; blindes Glück, das über einen hereinbricht, wie wenn Sharon Stone, Naomi und Dolly Buster gleichzeitig über mich kommen wollten. Dem ist leider nicht so! Ein Eagle bedarf langfristiger Planung, methodischen Vorgehens, durchstrukturierten Managements und der Beherrschung der gesamten modernen Psychoanalyse von de Sade bis Ringel. Mit meinen nachstehenden Ausführungen werde ich dies beweisen, und, wie die Dinge liegen, hoffe ich, damit nach langer Zeit wieder einmal auf das breite Interesse meines verehrten, vereinzelten Lesers zu stoßen.

Für die Realisierung meines Vorhabens schien mir Badgastein am idealsten. Der 9-Loch-Kurs hat zwar auch seine Tücken, Fallen und miesen Lagen wie jeder anständige Golfplatz, aber im Großen und Ganzen ist er flach, ausreichend breit und von den Damentees von strategisch bedeutsamer Kürze. Dem Eagle auf den Fersen ersuche ich um

. . . Ergebnis langfristiger Planung . . .

einen Termin in der zweiten Hälfte der Gasteiner Golf- und Gourmetwoche.

Zu meiner Eagle-Strategie zählt nicht nur die wohlbedachte Auswahl des Platzes im Gasteiner Ortsteil Badbruck, sondern auch eine Runde mit Costan Z., einem aufgeweckten zehnjährigen Knaben, in einem der Eagle-Präparationsturniere. Nicht nur, daß Costan weiß, wie und wo man mitten auf der Runde die besten Schnitzelbrote des gesamten Gasteinertales bekommt, er macht mich auch mit dem 100jährigen Clubmotto des Vereins bekannt: „No slice, no hook, Golf in Badbruck!“ Costan vergißt aber nicht hinzuzufügen, daß dies reine Drohgebärde ist: Auf manchen Löchern darf man ein bissel.

Auch sonst hat der kluge Knirps ein paar bemerkenswerte Tips auf Lager. Ein Beispiel nur: Costan steht vor einem 7 Meter-Putt, beugt sich über seinen Ball und sagt: „Man sieht die Linie und puttet ein!“ Haben Sie recht verstanden, verehrter, vereinzelter Leser? Man liest die Linie nicht und deutelt nicht an ihr herum, man SIEHT sie! So einfach ist das nämlich!

Sie haben die Brillanz des zweiten Pfeilers meines Konzepts natürlich längst erkannt. Es geht mir, der Gefahr des sogenannten Abstoßungseffekts wohl bewußt, darum, die unbekümmerte Mentalität des Zehnjährigen ins Gehirn, vor allem aber in den Schwung meines Triebwerks zu implantieren. Seit meine Frau in grauer Vorzeit ein Handicap 18 errungen hat, bildet sie sich ein, jedes Loch in Bogey spielen zu müssen, mit der Konsequenz, daß die filigrane und vielbewunderte Leichtigkeit und Eleganz ihres Schwunges dahin ist. Sie drischt – und reist folgerichtig mit Hc 20 nach Gastein. Ihr Lieblingsschlag ist jetzt der Hook.

Meine Bemühungen sind schon am zweiten Turniertag von Erfolg gekrönt. Mein Triebwerk beendet das Spiel gegen Par in +4 und wird auf Hc 19 herabgesetzt.

Dies ändert natürlich nichts daran, daß meine Frau meinen scharfsinnigen Analysen ihrer Schwungprobleme nur wenig abgewinnen kann. Beim small talk im Clubhaus erntet sie immer wieder Heiterkeitserfolge mit der smart hingeworfenen Bemerkung: „Mein Mann redet nur dann Unsinn, wenn er den Mund aufmacht. Sonst nie!“ Ehrlich: Das sind immer die glücklichsten Momente in meinem Leben.

Als lebenserfahrener Mann habe ich es auch schon längst aufgegeben, meine Frau von der Richtigkeit meiner subtilen Überlegungen überzeugen zu wollen. Ihr Widerspruchsgeist ist stärker als mein Beharrungsvermögen, und hoffnungslosen Unterfangen soll man nicht zu lange nachhängen.

Ich darf in dieser Beziehung auch auf große Vorbilder verweisen. Shakespeare, zum Beispiel: Auch Käthchen's Zähmung war nur vorgetäuscht. Pfeiler drei meiner Eagle-Taktik ist daher nicht die Brechung der Widerspenstigkeit meines Triebwerks, sondern deren zielgerichtete Nutzung. Pfeiler vier ist der Umstand, daß das Finalturnier der Golfwoche als Auswahldrive gespielt wird. Die eagleorientierte Beeinflussung unseres Spiels ist mir natürlich nur möglich, wenn wir im Team spielen.

Ein nicht minder schwieriges Unterfangen. Schon Wochen vor dem Tag X sage ich ungefähr dreimal täglich: „Für den Gasteiner Auswahldrive müssen wir uns nach Partnern umsehen!“ Am Tag vor dem Turnier sagt sie endlich: „Und warum, zum Kuckuck, willst du nicht mit mir spielen?“ Gewonnen!

Auch meine Rechnung mit der Kürze des Gasteiner Platzes geht voll auf. Von den Damentees placiert mein Triebwerk den Ball meist an Stellen, die ich nur vom Vorübergehen nach dem dritten Schlag kenne. Das heißt, ich kann ihren Ball meist mit einem vollen kürzeren Eisen weiterspielen und, da keine wie immer geartete Dosierung notwendig ist, erreichen wir des öfteren regulär das Grün. Das bringt uns ein Par nach dem anderen, na ja, jedenfalls mehr als Doppelbogeys.

Am 7. Loch, einem Par 5, versenke ich einen 12 Meter-Putt zum Birdie. Das hat wenig mit Costans speziellem Putt-Trick zu tun, sondern mehr mit seiner Unbekümmertheit: Ich habe die Linie nicht gelesen und schon gar nicht gesehen, sondern schlicht drauflos geputtet.

Nach neun Löchern liegen wir fünf, nach fünfzehn zehn über Par. Das bedeutet Gefahr in Verzug, denn mit unserem gemeinsamen Handicap 21 sind wir plötzlich siegverdächtig. Und für meine Eagle-Zwecke kann ich alles brauchen, nur keine pressure.

Gewohnt, meine kleinen, schnöden Erfolgserlebnisse den höheren Ehren meines Triebwerks unterzuordnen, reagiere ich blitzschnell und gurke am 16. Loch solange herum, bis wir ein Triplebogey einstecken. Einer unserer Flightpartner verhält sich ganz in meinem Sinne und murmelt hörbar etwas von Bäumen, die auch in Badbruck nicht in den Himmel wachsen.

Mich hindert das nicht, am 17. Loch, einem fast 180 Meter langen Par 3, den Ball erstmals in meinem Leben aufs Grün zu setzen und ihm, nach superbem Putt meiner Frau, den letzten Tupfer zum Par zu geben.

Viel Zeit ist nicht mehr für den Eagle, aber um die Wahrheit zu sagen, alle meine Vorkehrungen und Anstrengungen waren von vornherein auf das Schlußloch gerichtet. So wenig ich von Golf verstehen mag, soviel verstehe ich von Dramaturgie. Zeigen Sie diese Geschichte bitte nicht dem Peymann, sonst engagiert er mich noch.

Das letzte Loch, ein Par 5, ist für Damen 400 Meter lang. Mein Triebwerk drived mich wie üblich um gut 80 Meter aus. Damit bürdet sie mir, auch wie üblich, die volle Verantwortung für den so wichtigen zweiten Schlag auf. Aber ich habe natürlich damit gerechnet, und die ideale Ausgangsposition für den Eagle-Schlag schon auf der ersten Runde ausspioniert.

Ohne lange zu fackeln, penze ich den Ball scharf nach rechts ins Rough knapp an die Outgrenze bei der 100 Metermarke. Ein Traumschlag, der mir sonst nur gelingt, wenn ich ihn nicht will. Meine Frau scheint nicht ganz dieser Meinung zu sein, denn sie sagt in Anlehnung an das Gasteiner Clubmotto: „No Slice, no Fade, ganz einfach bled!"

Ich verzeihe ihr das, denn schließlich kann sie noch nicht wissen, daß sie kurz vor dem ersten Eagle ihres Lebens steht, abgesehen von einem lächerlichen Massl-As am mit Blindheit geschlagenen alten 8. Loch im Salzkammergut.

Hundert Meter sind auf trockenem Boden für mein Triebwerk ein Achter-Eisen. Das tiefe Rough und die weit hinten steckende Fahne lassen eher das Siebener angezeigt erscheinen.

„Nimm das Fünfer, allenfalls das Sechser!" sage ich so streng wie möglich, die allein mit der Abgabe eines Rates verbundene Erniedrigung wohlweislich ins Kalkül ziehend. Erwartungsgemäß greift sie zum Siebener! Es ist so leicht, die richtigen Entscheidungen herbeizuführen,wenn man weiß, wie's geht!

Ich setze meine vor dem Spiegel einstudierte Ärger-Miene auf, die mir an Gert Voss immer so imponiert, egal ob er einen Gloster oder einen Plantagenet spielt, vergesse auch nicht auf die psychologisch so wichtige wegwerfende Handbewegung, wende mich ab und schmunzle bereits in mich hinein.

Der Eagle ist so gut wie gespielt! Ich weiß, sie will den Ball jetzt gar nicht treffen, sondern, um mich zu bestrafen, womöglich noch tiefer im Dreck vergraben. Desinteressiert hebt sie den Schläger, trifft den Ball light und easy, das tiefe, aber zarte Rough verfehlt nicht seine vorhersehbare Wirkung auf das Schlägerblatt, der Ball hookt nicht wie sonst, sondern geht genau Richtung Stock, springt auf und verschwindet, über alle Unbilden des Stufengrüns leichtfüßig hinwegrollend, im Loch.

Meine sprichwörtliche Bescheidenheit verbietet mir, des Eagle's Lohn für mich in Anspruch zu nehmen. Ich habe meinem Freund Costan sowie den Herren Shakespeare, de Sade und Voss zu danken.

Am Rande war auch mein Triebwerk beteiligt.

Ich hoffe Sie überzeugt zu haben, verehrter, vereinzelter Leser, daß ein Eagle kein Zufall, sondern das Produkt langfristiger, systematischer Planung ist. Ich für meinen Teil habe beschlossen, das Projekt nicht allzubald zu wiederholen. Es ist mir zu anstrengend.

DA (KR)ÄCHZT FRAU RABE

Wenn meine Frau in besinnlichen Stunden ihre Probleme zählt, so kommt sie auf insgesamt drei. Das größte davon bin ich, die anderen beiden hängen mit Golf zusammen. Sie haben aber, wie man als geplagter Ausübender dieses satanischen Sports meinen sollte, nichts mit dem Schwung, dem Score, dem Handicap oder sonst einem sportlichen Belang zu tun. Weit gefehlt! Meine Frau spielt fröhlich und von allem technischen Wissen unbeschwert vor sich hin, und was dabei herauskommt, ist ihr mehr oder minder auch ziemlich wurscht. Die Golfprobleme meiner Frau sind sozialpolitisch indiziert. Sie betreffen das Grüßen und das Sich-Vorstellen.

Natürlich weiß sie, daß Golfclubs heute das nicht mehr sind, was sie einstmals waren: Sportvereine nämlich. Heute sind Golfclubs auf früheren oder späteren Gewinn gerichtete Finanzunternehmen, Verlustzuweisungsgesellschaften oder Fremdenverkehrsfazilitäten. Golfer sind heute, in welcher Form immer, Mitfinanciers mehr oder weniger waghalsiger wirtschaftlicher Projekte und Transaktionen. Meine Frau meint aber, daß Golfer trotz aller materiellen Erwägungen auch noch immer Angehörige eines Vereins, einer Großfamilie sind. Mit gemeinsamen sportlichen und gesellschaftlichen Ambitionen und mit einem gewissen Zusammengehörigkeitsgefühl.

Trotzdem vergeht kaum ein Tag, an dem sie vom Golfplatz nach Hause kommt und mir in keineswegs gespielter Empörung erzählt: Stell' dir vor! Ich sitz' gemütlich im Clubhaus bei einem Schalerl Kaffee, kommt grußlos dieser N. herein, mit dem ich mich vorgestern über 18 Löcher gequält habe, setzt sich an den Nebentisch und macht nicht Muuh und nicht Määh!

Na ja, sage ich, der wollte halt Zeitung lesen oder sein Score nachrechnen. Nix da, sagt sie, der hat genau so fadisiert in die Luft gestarrt wie ich.

Noch empörter ist sie nur, wenn es sich bei N. zufällig um ein Vorstandsmitglied handelt, von dem sie erstens annimmt, daß ihm die kommunikative Funktion des Vereins ein besonderes Anliegen sein müßte, und mit dem sie zweitens auf der vorgestrigen Runde alle diesbezüglichen Probleme des Clubs ausführlich erörtert hat und dabei natürlich auf volle Zustimmung stieß.

Was meiner Frau nicht abzusprechen ist, ist ein gewisser Weltverbesserungstrieb. Sie betritt ein Clubhaus daher nie, ohne laut vernehmlich „Guten Morgen“ oder „Grüß Gott alle miteinander“ in die Runde zu rufen. Meist ohne jede Resonanz, wie sie zugeben muß. Schlimmer noch: die Vereinskollegen starren sie an, als wäre sie das kleine grüne Weibchen von einem anderen Stern.

Das andere Problem ergibt sich aus der austriakischen Namensnennungsphobie, der krankhaften Angst auch des gebildeten Österreichers, die offenbar schwierigste Vokabel seines Sprachschatzes, seinen Namen, hervorzustoßen. War es die Kinderstube, war es der heftige Konsum amerikanischer Seifenopern, meine Frau hat jedenfalls gelernt, sich vorzustellen. Setzt sie sich an einen Tisch, an dem auch Unbekannte sitzen, trifft sie bei der Zusammenstellung einer Golfpartie am Tee auf einen Fremden, streckt sie ihm die Hand entgegen und nennt artig ihren Namen.

Seit zwei Jahren nunmehr hat sie an der Innentür unserer Stoffwechselstube (copyright: Friedrich Torberg) eine vierspaltige Stricherlliste mit den häufigsten Reaktionen hängen. Auf hundert hochgerechnet ergibt sich daraus folgende hochinteressante, den Verhaltensforscher aber keineswegs überraschende Statistik:

43 % starren erstaunt und sagen nichts,
36 % stoßen ein dumpfes „Haaa?“ hervor,
19 % sagen höflich lächelnd:
„Angenehm” oder ”Freut mich”; und von den restlichen
2 %, die sich vorstellen, sind
98 % Ausländer!

Ich hab’ meiner Frau geraten, im Rahmen ihrer pädagogischen Bemühungen wenigstens zu den Angehörigen der 19 %-Gruppe, die ja zu vagen Hoffnungen Anlaß gäbe, während der ganzen Runde lauthals Herr „Freutmich“ oder Frau „Angenehm“ zu sagen. Trotzdem kann ich nicht umhin, mit einiger Sorge festzustellen, daß meine Ehegesponsin so etwas wie ein Gruß- und Vorstellungssyndrom entwickelt.

Ich bitte Sie daher inständig und eindringlich, verehrter, vereinzelter Leser: Wenn Sie schon sonst weder einen Gruß noch Ihren Namen über die Lippen bringen, grüßen Sie wenigstens meine Frau und nennen Sie einen Namen. Es muß ja nicht Ihrer sein, sie freut sich über jeden!

WAS WIRKLICH WICHTIG IST BEI GOLF

Naive Gemüter meinen ja, wirklich wichtig bei Golf sei, den Ball ins Loch zu schießen, und nach Berichten, deren Zuverlässigkeit allerdings angezweifelt werden darf, soll dies manchen Golfern sogar irgendwann gelingen. „Irgendwann" korreliert aber auch nicht unbedingt mit den Zielen des Sports; gefragt ist vielmehr die Versenkung des Balles nach einer noch ohne technische Hilfen ermittelbaren Anzahl von Schlägen. Ein Ereignis von Seltenheitswert!

Die Folge ist Frustration mit der Tendenz sich fortzusetzen und zu verstärken, was, wie hier nicht weiter erörtert werden muß, zu schweren gesundheitlichen Schäden und sonstigen Störungen führen kann. Die schlimmste Folge fortschreitender Frustration ist übrigens, daß man mit dem Golfspielen aufhört. Bedenken Sie: Einmal im Leben könnte es ja doch gelingen, den Ball in korrekter Schlagzahl ins Loch zu spielen, und das Glücksgefühl, das Sie dann durchströmt, hält jedem Vergleich stand.

Das wirklich Wichtigste bei Golf ist daher, den Frust rasch und wirksam abzubauen. Ich halte es für meine Aufgabe, ja für meine Pflicht, meine getreuen, vereinzelten Leser mit den erfolgreichsten Methoden der Frustbekämpfung bekannt zu machen.

Alle nachstehend katalogisierten Möglichkeiten haben sich bewährt. Leider muß von einigen – aus den verschiedensten Gründen – abgeraten werden. Zum Beispiel von

1. Verbalen Methoden:

1.1 Erzählen der Runde

Es erleichtert zwar, trägt aber – falls Ihnen überhaupt zugehört wird – bestenfalls zur Erlustierung der Tischrunde bei. Bei besonders „guten" Golffreunden können Äußerungen wie „Heute sah ich nur dann ein Fairway, wenn einer der 43 Bäume, die ich traf, den Ball zufällig in Richtung Spielbahnmitte zurückschleuderte", sogar Schadenfreude auslösen. Was den Frust eher fördert als abbaut.

1.2 Der Gebrauch von Verbalinjurien

Beliebt aber leider nicht empfehlenswert! In-sich-hinein-Fluchen ist magengeschwürfördernd, Fluchen ohne Zuhörer nicht zielführend. In Damengesellschaft unfein, in manchen Clubs nicht etikettekonform. Mit dem Ausweichen auf Fremdsprachen zeigen Sie zwar universelle Bildung, müssen aber damit rechnen, daß die gebräuchlichsten Fourletterwords sogar schon im Bayerischen Wald verstanden werden. In Japan noch gefahrlos anwendbar. Dort glaubt man von Reisen in die nahen Golfzentren von Australien, Neuseeland und Hawaii, daß Golf auf englisch „o-shit" heißt.

2. Anwendung brutaler Gewalt am unschuldigen Objekt:

2.1 Schläger übers Knie brechen

Bitte testen Sie vorher zuverlässig, wer stärker ist. Der Schlägerschaft oder Ihr Oberschenkelknochen? Legen Sie für den Fall eines Irrtums das Telefonbuch zurecht und schlagen Sie die Seite mit den Unfallchirurgen auf.

2.2 Schläger an den Baum knallen

Selbst wenn Sie diese Variante im eigenen Garten am eigenen Baumbestand erproben, achten Sie darauf, ob Umweltschützer in der Nähe sind. Bedenken Sie, daß es Individuen gibt, denen ein Stück Holz wichtiger ist, als Ihnen Ihr Seelenheil. Sollte es zu Protestdemonstrationen kommen, bleiben Sie cool, wie weiland Ben Hogen, der Eisbär, und verlangen Sie die Vorweisung der polizeilichen Aufmarschbewilligung.

2.3 In den Schläger beißen

Nur bei bereits vorhandenem chronischen „S"-Fehler brauchbar. Bedenken Sie, wie das aussieht, wenn Sie ohne Vorderzähne ins Clubhaus kommen und sicherheitshalber auch Verbalmethode 1.1 anwenden wollen.

2.4 Schläger in den Boden dreschen

Überaus beliebt und bewährt, aber leider nur in Roughs problemlos. Auf Fairways sind Beschädigungen unbedingt auszubessern. Auf Abschlägen und Grüns angewendet, kann diese Variante mit Platzverbot oder Clubausschluß geahndet werden.

2.5 Schläger in den Bach werfen.

Wurde laut glaubhaften Berichten seriöser Golfzeitschriften besonders in englischen Adelskreisen zur Hochblüte entwikkelt. Mit der Nachahmung zeigen Sie Sinn für echte Vornehmheit sowie Ihre Neigung für britischen Lebensstil. Außerdem ist diese Methode gut dem jeweiligen Frustrationsgrad anzupassen, da vom billigsten Putter bis zum gesamten Set samt Tasche (mit Autoschlüssel und Plastikgeld) dosierbar. Sollten Sie allein auf Runde sein, prüfen Sie Tiefe und Temperatur des Wassers. Als „Fast-Brite" sind Sie aber sicher mit Caddie unterwegs, zu dessen erweitertem Aufgabenbereich selbstverständlich auch die Repatriierung Ihrer Utensilien zählt. Unterscheiden Sie sich von echten Engländern durch die Großzügigkeit des Trinkgeldes!

2.6 Schläger mit dem Fuß durchtreten

Absolut abzuraten! Der Schläger könnte tatsächlich beschädigt werden.

Wir hoffen zuversichtlich, Ihnen mit diesem Exkurs über das wirklich Wichtigste bei Golf gedient zu haben. Das wirklich Schönste an Golf ist übrigens ein gepflegtes Pils nach der Runde. Dabei vergeht der Frust auch.

Und gleich noch was Seriöses:

PLATZBESCHREIBUNG

Da gibt es doch tatsächlich einen zu recht empörten vereinzelten Leser, der beklagt, ich schreibe immer nur für meinesgleichen. Insbesondere meine Platzbeschreibungen wären für ihn, der 187.4 % aller Löcher in Par und darunter meistert und daher mindestens 132.2 % aller Grüns regulär treffen müßte, vollkommen ungeeignet. Die ausländische Fachpresse, fügte er, mir eine besonders schmerzhafte Backpfeife versetzend, noch hinzu, sei da wesentlich seriöser und präziser.

Berechtigter Kritik stets aufgeschlossen gegenübersitzend, griff ich zu Theodolit, Alti- und Hypsometer sowie zu einem von mir eigens entwickelten, noch nicht näher benannten Gerät, das mich in die Lage versetzt, das eliptikale und galaktische Koordinatensystem gleichzeitig zu vermessen, und begab mich auf den weltweit bekannten Championship-Kurs von Großkreuzkirchen. Ein ausländisches Fachblatt fest unter den Arm geklemmt, kam ich zu folgendem Resultat:

„Der von den Championtees“ 6917,6 Yards (d. s. gerundet 6325,45 Meter) lange Platz verlangt auf den Abschlägen einen präzisen Treibschlag, auf den Spielbahnen eine gekonnte Annäherung und auf den Grüns eine perfekte Analyse des Bruchs. Dem international gefürchteten guatemaltekischen Platzgestalter chinesischer Abstammung José Maria Manuel Garcia Gonzales Lopez Wu, hierzulande „Peppi“ genannt, ist es doch tatsächlich gelungen, einen Kurs zu setzen, auf dem Par nur selten möglich ist, wenn man das Grün nicht erreicht.

Schon das erste Loch stellt dank der 213,1 Meter entfernten, 27,8 m vom linken und 16,7 m vom rechten Spielbahnrand befindlichen mächtigen Zimmerlinde eine Herausforderung dar. Die Krone dieser ökologisch wertvollen Topfpflanze mißt in ihrer äußersten Breite 1,17m (im Frühjahr), 1,33 m (Sommer), 1,29 m (Herbst) und 1,12 m im Winter. Der optimale Schlag führt genau 0,93 m am linken Kronenrand vorbei, landet nach 237,4 Metern und hat dank des dem Drive gekonnt verliehenen Backspins einen leise nach rechts gekrümmten Roll von nur 1,2 Metern. Nur von dieser Position aus ist das Sandhindernis, das das 170,9 m entfernte Grün umgibt, lediglich 12,3 m breit und 4,7 m tief. Um den Grünschlag genau setzen zu können, sollte der einstellige Vorgabegolfer sein Eisen 4 mit leicht geliftetem Loft nicht im Kofferraum seines Porsche 944,0 vergessen haben.

Steht man am Abschlag des vierten Lochs, versteht man sofort, wieso Greg Norman hier am 25. Juli 1961 um 13 Uhr 37 beim Turnier um das Goldene Gänseblümchen der Sparkasse von Vorderhochbach ein Tripplebogey einsacken mußte. Das in 224,8 Meter Distanz befindliche Inselgrün ist von einem Wasserhindernis umgeben, eine perfekte Überraschung, die den Spieler auch nach drei Übungsrunden vollkommen unvorbereitet trifft. Es ist dringend zu empfehlen, den entscheidenden Fehler des damals 6 Jahre, 5 Monate und 15 Tage alten Weißen Hais nicht zu wiederholen und das Grün mit Eisen 8 anspielen zu wollen. Der Benützung eines mittleren Holzes oder langen Eisens steht allerdings der 60,6 grädige Winkel des nach hinten abfallenden Grüns entgegen, eine Spezialität Wu's, die unter der Bezeichnung „Peppi's pepperoni" in der Golfgeschichte Raum gefunden hat.

Um den Ball zum Halten zu veranlassen, sollte man ihn in die etwas weichere Erde der Teichböschung etwa 0,69 Meter über dem Wasserspiegel setzen. Eine Abweichung von +/- fünf Zentimetern dürfte dabei keine Rolle spielen.

Nicht so großzügig geht der Platz mit dem Spieler am berühmten 6. Loch (Vorgabewert 13) um. Um die Chance des regulären Grünschusses zu wahren, muß man den Treibschlag millimetergenau entlang der die Spielbahn rechts begrenzenden 222 Meter langen Pinienreihe setzen, wobei die Schwierigkeit darin besteht, daß der vierte Ast von unten des 54. Baumes um eineinhalb Meter oder, um halbwegs genau zu sein, nach 16 Grad, 47' 23" östlicher Länge vorragt, weshalb man ......

So beschrieb ich Loch für Loch. Glücklich, endlich mit ausländischer Gründlichkeit gearbeitet zu haben, spielte ich den Platz anschließend in guten 128 Schlägen. Mein ausländischer Kollege, verriet mir die Clubsekretärin, hatte 131 gebraucht.

DAS BUCH DER BÜCHER

Gestatten Sie mir ausnahmsweise eine ganz intime Frage? Lesen Sie auch am Klo?

Also mir ist das seit Rolf Torrings Zeiten liebe Gewohnheit. Fast fürchte ich, ohne gleichzeitige Lektüre gar nicht mehr stoffwechseln zu können.

Zuletzt hatte ich ein Buch am Klo, das ich seinerzeit, als es vor urdenklichen Jahren herauskam, versäumt hatte. Es war die „Deutschstunde" von Siegfried Lenz.

Die „Deutschstunde" handelt von den Freuden der Pflicht. Dies brachte mich auf die Idee, es einmal mit den Golf-Regeln zu versuchen. „Einzige vom Deutschen Golf Verband anerkannte Übertragung in die deutsche Sprache", stand noch dabei. Nach der etwas langatmigen Deutschstunde eher keine Empfehlung, aber: Pflicht ist Pflicht. Außerdem sind die Golf-Regeln überaus handlich. Also ab damit aufs Klo.

Ich verspüre ein Rühren, beginne zu lesen und – finde ein Kleinod. Welch' ein Buch! Erquickend, spannend, launig, rätselhaft! Ein Regelwerk, in Szene gesetzt wie ein gutes Theaterstück. Es stellt vieles in Frage, gibt viele mögliche Arten von Antworten, läßt aber auch vieles im Dunkeln, tut aber doch so, als ob es alles wüßte. Als wär's ein Stück von Ionesco oder gar von Botho Strauß. Die Kapitel, selten zusammenhängend, aber doch ordentlich aneinandergereiht. Verfolgt man das Spiel der Regeln, glaubt man sich in Shakespeares Sommernachtstraum versetzt: Sie hüpfen umher, stehen einander im Weg, weichen sich aus, gehen ineinander auf, ein verwirrender Tanz, der den Verstand verstummen läßt.

Der Stil, blumig und blütenreich („Lose Naturstoffe sind Bestandteile der Natur, wie . . . Würmer und Insekten . . .").

Gleichzeitig lehrreich („Tau ist nicht loser Naturstoff"), ökologisch („Weder Wind noch Wasser gelten als nicht zum Spiel gehörig"), politisch („Partei: Entweder ein Spieler oder zwei bzw. mehr Spieler, die Partner sind"), von bestechender Logik, weil „Ein Partner ist ein Spieler, der zusammen mit einem anderen Spieler eine Partei bildet", erotisch („In einem Dreier-, Vierer- oder Vierball-Lochspiel schließt der Begriff Spieler den Partner ein") und gleich wieder voller Rätsel, denn letzteres geht nur, „wenn es der Zusammenhang gestattet". Doch nie werde ich erfahren, in welchem Zusammenhang ich mich mit einer Spielerin einschließen darf. Und auch nicht wo. Turandot, schau oba!

Ein Meisterwerk! Mehr noch: Das Buch der Bücher! Und ich, ich hab's auf meinem Klo.

DER SPIELVERDERBER

Es war vor langer, langer Zeit, und ich hatte ein Handicap in den higher twenties. Nur um zu demonstrieren, wie lang das schon her ist, sei gesagt, daß ich mich mittlerweile in die middle twenties vorkämpfe. Aber von unten kommend!

Wir spielten ein Turnier. In unserem Vierer ein Gentleman aus einem anderen Club, der sich beim Geblödel vor dem Start als ganz brauchbar erwies. Wir dachten daher auch nichts Schlimmes, als er vorm ersten Drive sieben, ich wiederhole: sieben!, Probeschläge machte. Auch kurz danach, am Fairway, als sich dieses Spiel wiederholte, blieben wir noch gelassen. Wahrscheinlich war er nicht zum Einschlagen gekommen.

Aber es war eine Manie. Egal ob Schlag, Chip, Pitch oder Putt, immer das gleichbleibende Ritual von sieben Probeschwüngen! Achtzehn Löcher lang!

Hinter uns waren noch drei, vier Partien mit Handicaps. Dann kam der ganze Rattenschwanz der Platzreiflinge. Wir ließen sie durch; zuerst die Dreißigerhandicaps, dann die Platzreiflinge, dann die Frischlinge und schließlich sogar die Kinder, die mit Plastikschlägern hinter dem Turnier herliefen.

Es war entwürdigend und blamabel.

Zu allem Überfluß war es auch noch jener Sonntag im Herbst, an dem von Sommer- auf Normalzeit gewechselt wird. Auf die letzten Löcher mußte man uns Autos entgegenschicken, damit wir im Scheinwerferlicht unsere Bälle finden konnten. Nach knapp 6 1/2 Stunden Spieldauer waren wir endlich im Ziel. Wohl wissend, daß ihr das völlig wurscht ist, sagte ich zur Sekretärin: „Du kannst mich gerne wiedermal ... mit diesem Herrn einteilen, aber bitte streiche mich dann gleichzeitig aus der Startliste!“

Kürzlich lernte ich am Tee einen Herrn vom nämlichen Club kennen. Wir kamen ins Plaudern, wie's halt so üblich ist, und irgendwann fiel mir sein Clubkollege, das reziproke Tapfere Schneiderlein (Keiner auf sieben Streiche) ein. Sein Name war meinem Gedächtnis natürlich längst entschwunden, aber mein Spielpartner wußte sofort, von wem ich spreche: „Ach der“, sagte er nur, „der hat sich gebessert; jetzt macht er nur mehr 5 1/2 Probeschwünge!“

Heute kenne ich sie in vielen Varianten, die professionellen Spielverzögerer:

Die, die zwar nur zweimal probeschwingen, dafür aber mit drei verschiedenen Schlägern, weil sie sich nicht entschließen können; die Kommunikativen, die grundsätzlich dann aufs Nachbarfairway auf ein Plauscherl flitzen, wenn sie zum Spielen dran sind; die Slicer und Hooker, die ganz erstaunt schauen, wenn man ihnen nach zehn Minuten sagt, daß die fünf Minuten um sind; die Ballsucher, die grundsätzlich mit sensendem Schläger die Roughgrenzen entlangschlendern und an keinem Teich vorübergehen können, ohne das Angelzeug zu zücken. Heute läßt mich das kalt. Nicht, daß es mir Spaß machen würde, aber ich nehme es hin wie die unabänderliche Tatsache, daß mein Chip immer dort landet, wo gestern das Loch war. Längst habe ich mir um 140 Schilling ein Leichtsitzerl zugelegt. Ich packe es aus, setze mich nieder, guck‘ in die Landschaft, dös' vor mich hin und denke, daß ich diesen Mitmenschen einmal ein paar liebe Worte widmen könnte:

Diesen vontitleistundpinacledreimalvermaledeitenund vomsatanundallenseinen99helfershelfernaufalle18 fahnenstangengespießtenspielverderberndievonallen clubsmitschimpfundschandeverjagtgehörenundvorderen bällensichallelöcherversteckensollen!

Gott, hat das gut getan!

Golf in Ungarn:

VOM STORCH GEBRACHT

Wie kann man einen Landstrich bezeichnen, auf dem es nichts gibt, als gut und gern 35.000 Stück in Reih und Glied gepflanzte Pappeln, die zu nix Nutz sind, als zur industriellen Verwertung? Man wird diese Öde mit Fug und Recht als ökologisch wertlos einstufen dürfen. Ähnlich dem Brachland, das man an schottischen Küsten vorfindet.

Und was ist ein Golfplatzarchitekt, der mitten im schönsten Mitteleuropa so eine Plantage vorfindet? Ein Glückspilz ist er! Warum? Weil er sich auch einmal – wie er es von seinen überseeischen Kollegen tagtäglich vorgeführt bekommt – austoben darf, weil er seine Idealvorstellungen realisieren, weil er sich endlich einmal selbstverwirklichen kann.

Die mittlerweile auch international renommierten Wiener Golfarchitekten G. & G. Hauser waren solche Glücksbüschel, als sie vor einigen Jahren eingeladen wurden, im westungarischen Thermalbad Bükfürdö einen Golfplatz zu planen – und sie haben, das wollen wir gleich vorausschikken, die Gelegenheit sowohl weidlich wie auch perfekt genützt.

Da standen sie also nun vor dieser unübersehbaren Pappelarmee, wohl wissend, daß auch an sich wesenlose Natur ihre Eigenheiten hat. Ich stelle mir vor, daß sie, um diese Eigenheiten zu erfahren, tagelang das Gelände durchstreiften und die Natur auf sich wirken ließen. Dabei haben sie wohl den einen oder anderen Storch beobachtet; wie es sich gehört auf einem Bein stehend, vorsichtig um sich spähend, und dann rasch aber mühsam eine müde Made aus dem trockenen Erdreich stochernd. Nicht gerade eine Delikatesse am Frühstückstisch der Adebars, mögen sich Gunter und/oder Gerold Hauser gedacht haben. Viel besser wäre doch ein dicker, fetter Frosch und für die Kleinen ein zartes Kaulquappenkeulchen.

Da sich, nicht allzu weit entfernt, eine ergiebige Quelle fand, konnte den Störchen geholfen werden. Der Rest war wohl Reißbrettarbeit und daß die heute das Terrain zierenden großzügigen Seen und Teiche nicht allein als Selbstbedienungsläden und Swimmingpools für Adebar und Konsorten angelegt wurden, versteht sich wohl von selbst. Wasser ist zu einem spielgestaltenden Element in Bük geworden, und so gesehen, wurde der Platz im wahrsten Sinne des Wortes „vom Storch gebracht".

Das Aushubmaterial verleiht den auf freiem Feld liegenden Spielbahnen Kontur, die -zigtausend verbliebenen Pappeln ..., also das beste, was man von ihnen sagen kann, ist, daß sie an pannonischheißen Sommertagen Schatten spenden. Wie dem auch sei: Was in Bük entstand, sind 18 für den Professional und Spitzenamateur provokante, für den höheren Handicapper bezwingbare und für alle zusammen abwechslungsreiche und faire Löcher.

Wie macht man das?

Jeweils fünf, meist leicht erhöhte Abschläge ermöglichen eine Längendifferenz zwischen Pro und Lady von über 1500 Metern. Dem femininen Anfänger präsentiert sich der Platz mit 5000 Metern, dem masculinen Pro mit 6535 Metern. Alles bei Par 72, aber mit Standards zwischen 71 und 75! Penncross-Gras erweist sich als gute Unterlage auf den Fairways, besonders hervorzuheben sind aber die großen Grüns, einerseits mit raffinierten Breaks versehen, andererseits mit viel Platz für faire Fahnenpositionen.

Abwechslungsreichtum bedeutet in Bük nicht nur variantenreiche Spielbahnengestaltung, sondern auch gute Dosierung der Schwierigkeitsgrade, auch wenn man eine echte "g'mahde Wies'n" eher selten antrifft. Irgendeine Perfidie aus dem reichhaltigen Repertoire der Hauser-Brüder findet sich immer. Gute Ortskenntnis ist sicher kein Nachteil, denn Bük verlangt nicht nur gute Schläge, sondern auch Hirn. Mehr als alle Worte sagt vielleicht die Tatsache, daß der Platz mehrfach zum Austragungsort der Hungarian Open gekürt wurde.

96 Hektar Grund boten ausreichend Raum für eine große Driving-Range und alle anderen Übungseinrichtungen, zu denen auch eine Zielgolfanlage sowie ein Kompaktplatz mit Lochlängen zwischen 90 und 170 Metern zählen.

Von der Clubhausterrasse genießt man prächtigen Platzblick, das Heer der Sekretärinnen ist nicht nur zuvorkommend, sondern auch hübsch anzusehen.

Obwohl Hochsaison herrschte bei meinem Besuch in Bük himmlische Ruhe. Wenn es mit rechten Dingen zugeht, kann's aber nur die Ruhe vor dem Sturm gewesen sein.

Nicht nur Ruhe, sondern auch Erholung und Entspannung findet der Gast im **** Romantik Hotel „ÖREG MALOM" in Csepreg, knapp zehn Autominuten vom Golfplatz entfernt. Die gepflegten Zimmer und Suiten mit allem Komfort, die erstklassige Küche und das stets um den Gast bemühte Personal unter der umsichtigen Leitung von Trudy Bruil genügen höchsten westlichen Ansprüchen.

Ganz auf die Bedürfnisse des Golfers eingestellt, kann der Gast am hauseigenen Putting-Green seine Tagesform überprüfen, bevor er an der Rezeption den ermäßigten Greenfee-Gutschein löst. Nach (oder statt) der Golfrunde relaxed man am Pool im Garten oder spielt zum Ausgleich ein paar Games auf einem der beiden Sand-Tennisplätze, bevor man sich in die Sauna, ins Dampfbad oder den Jacuzzi begibt, sich massieren, verschönern oder frisieren läßt. Wer in der „Öreg Malom" seinen Urlaub nicht genießt, ist selbst schuld!

DAS PRO-AM

Vor vielen Sommern fand in meinem Club auch ein sogenanntes Pro-Am statt. Einige Pros hatten ohne Mannschaft gemeldet. Die Clubleitung richtete verzweifelte Aufrufe an die Mitglieder, doch mitzuspielen. Gutmütig und weichherzig, wie ich bin, ließ ich mich breitschlagen.

Für die Gefälligkeit, die ich dem Club zu erweisen meinte, durfte ich Nenngeld bezahlen. 1000 Schilling, das waren damals 20 % meines jährlichen Mitgliedsbeitrages.

Na schön, dachte ich mir, du bekommst dafür eine Trainerstunde. Du wirst für die 18 Löcher 100 Schläge brauchen und der Pro wird dir bei jedem Schlag sagen, wie du ihn besser machen könntest. Vielleicht sieht er was, was mein Leib- und Magentrainer bisher nicht bemerkt hat, vielleicht hat er einen Tip auf Lager, der meinen Krampf löst, vielleicht spricht er eine Sprache, die ich verstehen kann, vielleicht hat er das Ei der Weisen im Köcher.

Eine Stunde vor unserem festgesetzten Start rief mein Pro an und teilte mit, daß er in 75 Minuten da sein werde. Unser Start wurde um 30 Minuten verschoben. Als unser bunt zusammengewürfeltes Team gerade als letzter Flight ohne ihn abschlagen wollte, traf er am Parkplatz ein.

Großzügig überließ er seinen Amateuren die Ehre. Als er endlich am Tee stand, fragte er mich, wohin er den Ball am besten schlagen sollte. Ich verwies auf ein halbwegs ebenes Plateau, das sich in etwa 200 Meter Entfernung etwas links auf unserem ersten Fairway befindet. Gekonnt schlug er den Ball rechts in die Bäume.

So ging das Loch für Loch. Nachdem wir herausgefunden hatten, daß an diesem Tag die Löcher besonders satanisch placiert waren, half uns unser Pro gelegentlich beim Lesen der Greens. Zu 50 % waren wir nicht in der Lage, seine Anweisungen zu befolgen, zu 50 % waren seine Prognosen schlicht falsch. Zu unserem gar nicht so üblen gemeinsamen Score trug mein Pro ganze zwei Lochergebnisse bei.

Um es kurz zu machen: Mein Pro spielte 87 und ging knapp am Bubi-Preis vorbei. Zwischen dem 8. und 13. Loch kamen wir in einen Wolkenbruch und wurden bis auf die Haut naß, und als wir unsere Runde endlich beendet hatten, war das vom Sponsor großzügig spendierte Freibier alle.

Mein Freund Klaus war an diesem Tag besser dran: Er ließ sich zwar auch breitschlagen, aber sein Pro kam überhaupt nicht. Er spielte mit den übrigen Amateuren seines Teams eine lockere Runde, kam noch zum Bier zurecht und zahlen mußte er auch nichts.

Glück muß man haben!

VOM VORTEIL HOHER HANDICAPS

Natürlich bin ich – wie hoffentlich jeder vernünftige Mensch – froh darüber, nicht prominent zu sein. Schade ist dabei nur, daß mich nie einer interviewt. Denn auf mindestens eine Frage des Interviews hätte ich eine originelle Antwort.

Frage: „Morgen- oder Abendmensch?"

Antwort: „Ich sage 'sowohl/als auch', meine Frau sagt 'weder/noch'! Sie bezieht das auf meine Brauchbarkeit."

Apropos meine Frau. Sie hat jetzt Vorgabe 18. Bei mir ist dagegen alles beim alten geblieben, abgesehen von der Dezimale, die sich nach jedem Turnier um eine Ziffer nach oben verändert.

Alle meine Freunde fragen mich, wie lange ich mir das noch bieten lassen will, ob mich das bessere Handicap meiner Frau nicht bis zur Weißglut reizt.

Warum sollte es, frage ich zurück, denn was hat sie schon davon?

Während ich noch genüßlich vor mich hinmurmle, darf sie jetzt jeden Turniersonntag schon um sieben aus den Federn. Das fällt ihr keineswegs leicht, denn als typischer „Morgenmensch" ist sie erst um drei Uhr früh zu Bett gekommen. Angesichts der gebotenen Eile verbringt sie nur eine knappe Stunde im Badezimmer mit der Herstellung ihres öffentlichen Aussehens, dann geht's, husch, husch, auf den Golfplatz. Wagerl aus dem Caddieraum, im Laufschritt auf die Range, schnell zurück auf Pitching- und Puttinggreens.

So gegen halb zehn steht sie noch immer verschlafenen Auges am ersten Abschlag und donnert den Ball, den sie um diese Zeit auch bei bestem Willen nur diffus wahrnehmen kann, in die nächste Baumkrone.

Ich drehe mich zu Hause mit einem lustvollen Grunzer gerade das letzte Mal um und beschließe im Unterbewußtsein noch eine Schmuserunde mit dem Polsterzipf.

Bis ich zu Mittag endlich am Start stehe, kann sich meine Frau schon ausrechnen, daß sie ihr Handicap auch diesmal nur schaffen kann, wenn sie auf den letzten vier Löchern fünf Asse spielt.

Ich erfahre von meinem Desaster definitiv erst vierdreiviertel Stunden später. Insoweit ist kein Unterschied, ob man noch mitten in der Nacht oder erst am hellichten Tag startet. Nach einem Bier gehe ich unter die Dusche, ziehe mich um, und bis ich fertig bin, kann ich auch schon die diesmaligen Sieger bejubeln. Mein armes Triebwerk ist zu diesem Zeitpunkt schon ein drittes Mal müde. Diesmal vom endlosen Warten im Clubhaus, bis der letzte Flight herinnen ist.

Und um all das soll ich sie beneiden?

Fällt mir nicht in meinem süßesten Sonntag-Vormittag-Traum ein!

Golf auf Madeira:

... UND AM FAIRWAYRAND WÄCHST WILD DIE CALLA

Manche sehen in Madeira eine wohlgelungene Mischung aus lrland und der Bodensee-Insel Mainau. Und wie jeder Vergleich, hinkt auch dieser. Irland ist zart-, Madeira satt-grün. Außerdem ist es, des vulkanischen Ursprungs wegen, gebirgig. Und was die Bernadottes auf Mainau mühsam züchten, wächst auch in des verehrten Lesers Garten. Madeiras Flora ist exotischer.

Orchideen, zum Beispiel, wachsen wie bei uns der Löwenzahn, Strelitzien wie bei uns die Gänseblümchen. Die Calla sprießt in jedem Straßengraben, und jede Gartenmauer verbirgt sich unter wuchernden Girlanden. Am Golfplatz in Palheiro gibt's eine Protea-Plantage, wie man sie in Südafrika nur selten findet, und auf den Fairways von Santo da Serra wandelt man durch Alleen von blühendem Ginster und duftenden Akazien.

Alles wächst durcheinander. Das Grün der Bäume und Büsche mischt sich mit der exotischen Blütenpracht. Madeira ist ein einziger, von Natur und Klima buntgewebter Fleckerlteppich. Sie halten mich für einen üblen Übertreiber? Na gut, es gibt auch Blumen, die in Töpfen wachsen.

Was Sie auf Madeira sonst noch sehen und erleben können steht im Reiseführer. Als Österreicher, auch als republikanischer, sollten Sie nicht versäumen, in der Kirche von Monte oberhalb von Funchal (mit weichem 'sch' gesprochen) das Grab unseres letzten Kaisers zu besuchen. Wer weiß, vielleicht verspüren Sie Ergriffenheit. Keine Empfindungen, außer Langeweile allenfalls, werden Sie bei der Rodelfahrt von

Monte hinunter nach Funchal haben. Lassen Sie's lieber. Schad' ums Geld!

Seit einigen Jahren ist Madeira nicht nur für den Blumenfreund und Sonnenanbeter interessant, sondern auch für den Golfer. Zwei Plätze stehen zur Verfügung, die einiges gemeinsam haben:

Beide liegen am Berg in etwa 600 Meter Seehöhe. Dort ist es, lassen Sie sich warnen, immer kühler als am Strand. Nehmen Sie unbedingt was Warmes mit! Alpenbewohnern muß man nicht erklären, daß es am Berg nur selten flache Flächen gibt. So ausschließlich hügelig wie auf Madeira ist's sonst aber nur selten. Beide Plätze gehen ziemlich in die Beine, buchen Sie daher mit der Startzeit auch das E-Cart.

Gemeinsam haben beide Plätze auch die Fernsicht. Von Palheiro auf den Golf von Funchal und Umgebung, von Santo da Serra auf die Punta di Sao Lourenco.

Beides lohnt. Blamieren Sie sich nicht wie ich, und halten Sie die Inselwelt, die Sie von beiden Plätzen sehen, für kanarisch. Es handelt sich um die Madeira umgebenden 'deserted Islands', wasserlose, unbewohnte Wüsten.

Welcher der beiden Plätze der leichtere ist? Keiner, würde ich sagen. Palheiro bezieht seine Schwierigkeiten primär aus Hanglagen aller Art. Santo da Serra hat Robert-Trent Jones jun. gebaut. Dem Kenner sagt das vieles, wenn nicht alles. Besonders stolz ist er angeblich auf drei unmittelbar aufeinanderfolgende 100-Meter-Schluchten, ein weltweit ein- und erstmaliger Hattrick.

Greenfees und sonstige Gebühren liegen etwa im mitteleuropäischen Niveau. Gäste der Gründerhotels genießen Ermäßigungen. In den Preisen ist jeweils aber auch der Transfer vom Hotel zum Platz und zurück enthalten, den man mit den Startzeiten ordert.

Ich würde die Wette wagen – und mit Sicherheit gewinnen – daß es auf Madeira keinen ebenen Straßenkilometer gibt.

Im Blumenmeer von Madeira

Bremsbeläge werden alle 10.000 Kilometer getauscht. Nicht, weil es Vorschrift ist, sondern lebensrettend. Mein Rat: Schonen Sie Ihre Nerven, verzichten Sie auf den Leihwagen, nützen Sie die Shuttles, machen Sie die Inselrundfahrt per Bus und fahren Sie Taxi.

Auf diese Weise bringt Madeira mit seinen zwei neuen Golfplätzen erholsame Abwechslung ins winterliche Golferleben.

Ein Rabe-Reise-Report:

GOLF AROUND THE WORLD

Ein Mensch liest immer wieder gern
die Bücher von dem Herrn Jules Verne.
Und denkt, es müßte ihm behagen,
mit Golfclubs und in 80 Tagen
auch einmal um die Welt zu jagen.

Wenn mich mein Triebwerk um ein vergessenes Happel Zwiebel zum Greißler an der nächsten Ecke schickt, kann ich mit dem dabei Erlebten ein ganzes Buch füllen.

Für meine Reise um die Welt, über elf Wochen, durch sechs Länder, 33 Betten und über 14 Golfplätze, stehen mir etwa 10 Manuskriptseiten zur Verfügung.

Also werde ich Ihnen ein bißchen was über mein Golf erzählen und etwas mehr über die Fehler, die ich auf der Reise gemacht habe. Schließlich sollen Sie ja nicht meine wiederholen, sondern Ihre eigenen machen können. Auf keinen Fall werden Sie lesen, was sowieso im Reiseführer steht. Außer daß San Francisco eine der schönsten Städte der Welt ist, die man beim Weltenbummeln keinesfalls versäumen sollte.

Wir beginnen aber in Monterey-Peninsula, etwa eineinhalb Autostunden südlich von San Francisco. Hauptorte sind Monterey, meinem belesenen, vereinzelten Leser bekannt aus John Steinbecks „Straße der Ölsardinen“, und Carmel, weil Clint Eastwood dort Bürgermeister ist – oder war.

Das „Muß“ von Monterey ist Pebble Beach. Speziell bei Wind soll es sogar besseren Golfern als ich es bin, ein bißchen

Schwierigkeiten machen. Während meines Aufenthaltes in Monterey ist es absolut windstill. Ich verzichte daher auf P.B., was mir – nebenbei bemerkt – auch meine Erben ewig danken werden. Statt dessen spielen wir Spyglass Hill, wo – nachweisbar – die Weltklasse immer noch schlechter scored als in P.B. Wenn ich mich schon herausfordern lasse, dann ordentlich!

Gleich das erste Loch, ein 600 yards-par-five, ist das schwerste am Platz. Schon nach dem dritten Schlag erblicke ich, noch immer gut 200 Meter entfernt, ein kleines hellgrünes Fleckchen Gras inmitten eines Meeres von Sand und nehme an, daß das das Grün ist. Nach einer Wunderkerze und einem grasshopper steckt die Fahne zufällig nur einen Meter neben meinem Ball. Man merkt sofort, daß in Amerika Golf Volkssport ist: Die Plätze kommen dem Spieler viel mehr entgegen!

Leider haben die beiden einheimischen Single-Handicapper, die schon am 2. Loch zu uns aufschließen, mein Wunderbogey am ersten Loch nicht gesehen. Denn am dritten Loch verbellen die Seehunde, die sich massenhaft im Pazifischen Ozean wiegen, meinen Ball, und am sechsten irritiert mich ein niedliches Rehrudel, das nicht daran denkt, in Erwartung meines kraftvollen Drives in Deckung zu gehen. Woher haben die gewußt, daß sie am Fairway sicherer sind als im Wald?

Gegen Ende der Runde scheint es mir, als ob sich sogar die Zypressen biegen vor Lachen über mein Golf – oder ist doch etwas Wind aufgekommen? Echt sportlich bleiben nur unsere beiden Amerikaner. Als ich beim Abschied zu ihnen sage, daß mich der Schlag auf weniger als 50 Cents gekommen wäre, meint einer von ihnen anerkennend: „What a bargain!"

Sehen Sie sich am Weg nach dem Süden zuerst Hearst-Castle an, übernachten Sie dann im Madonna-Inn von San Luis Obispo und gehen Sie am nächsten Tag nach Disney-Land. Wenn Sie dann noch immer keinen Psychiater brauchen, sind Sie unheilbar gesund!

Wir ziehen zur Erholung eine Insel des hawaiianischen Archipels namens Kauai vor. Wo immer Sie in Amerika erzählen, daß Sie nach Kauai fliegen, ernten Sie eine „WOW"-Orgie. Das ist keine unzulässige Übertreibung, das ergreifende Wort aus dem Sprachschatz Donald Ducks wird tatsächlich bereits eigenschaftswörtlich gebraucht: „We are wowed!"

Was meine Amerikaner so wowt, können Sie im Reiseführer nachlesen.

Mich wowt vor allem Princeville, von den Damen der amerikanischen Tour gefürchteter jährlicher Austragungsort der Kemper-Open.

Der Platz hat 27 Löcher, wir werden für die Kurse „Ocean" und „Lake" eingeteilt. Fast jedes Loch ist hier eine Challenge, am meisten haben es mir aber die Dreier-Löcher angetan. Das dritte, eines der schönsten Par 3, die ich kenne, mit prachtvollem Blick auf die Hanalei-Bay, spiele ich, trotz des dschungelumrankten Sees, der zwischen mir und dem Grün liegt, in Par. Am siebenten bin ich nicht ganz so glücklich. Ich bringe den Ball zwar trotz – oder wegen? – der steifen Brise, die vom Meer hereinweht, über die gut 100 Meter breite sowie tiefe Schlucht, dann halte ich mich aber streng an die Gebrauchsanweisung auf der Birdie-card: „. . . the enormous green will provide a lot of interesting putts".

Aber auch die Lake-nine birgt einiges von dem, was die Amerikaner in ihrer sprichwörtlichen Bescheidenheit schlicht „monster" nennen. Das vierte zum Beispiel, wieder ein Par 3, wieder über Dschungel, wieder gegen den Wind, aber 182 Meter lang. Sicher können Sie sich vorstellen, was passiert, wenn ich mit dem Driver ein Grün treffen soll.

Das letzte Loch ist zwar nur 450 Meter lang, geht aber gleich über zwei Seen. Mein Drive lag so gut, daß ich Trottel hier ein Birdie spielen wollte. Was herauskam, war ein Doppel-Par und ein Minus von zwei Bällen.

Trotzdem: Auf den gut gepflegten amerikanischen Plätzen

spiele ich immer über meine Verhältnisse. Wahrscheinlich liegt's an den wirklich plangeebneten Fairways, am guten Gras und an den Supergrüns, die viele unglaubliche Single-Putts ermöglichen.

„Golf Digest" rangiert Princeville unter Amerikas best hundred. Das ist gar nichts: Rabe ordnet Princeville unter seine top five!

Die Währung sieht aus wie ein englisches Pfund, heißt aber Dollar. Das Nationaltier schläft bei Tag und arbeitet in der Nacht, hat keinen Schwanz und kann nicht fliegen, ist aber trotzdem ein Vogel, der – wen wundert's noch? – wie ein Obst heißt!

BYO bedeutet „bring your own" und bezieht sich auf den Alkohol, den man sich ins Restaurant mitbringen muß. Irish Coffee gibt's aber trotzdem, er gilt als Mehlspeise. Im Norden ist es angenehm warm, im Süden kann es empfindlich kalt werden, was die Herren nicht davon abhält, zu Hemd und Krawatte kurze Hosen zu tragen, als wären sie Pimpfe. Nach all dem ist es fast selbstverständlich, daß man hier links fährt, und Sie haben natürlich längst erraten, daß wir in Neuseeland sind.

Jede bessere Stadt hat mindestens ein Dutzend Golfplätze, und jedes Dorf mindestens einen. Gar nicht zu reden von den Golfplätzen ohne jedes Dorf. Golf ist hier noch Naturprodukt: Ein Klotz für den Abschlag, ein Stecken für das Loch, dazwischen eine Schafweide.

Auf der Suche nach den letzten Albatrossen (das ist unter anderem auch ein ziemlich attraktiver Vogel!), irgendwo in der Otago-Bay, fernab von jeder menschlichen Siedlung, habe ich auch so einen Platz gespielt. Man sollte es nicht glauben: Golf ist hier uneingeschränktes Vergnügen, weil man überhaupt nicht auf den Gedanken kommt, zu zählen. Gar nicht zu reden davon, daß man auch nichts zahlt.

Übrigens: Ein vereinzelter Albatros ist mir in der Otago-Bay auch begegnet. Und das ist immerhin einer mehr als auf allen meinen Golfrunden zusammen!

Vielleicht hätte ich es, zur Schonung meines Egos, dabei bewenden lassen sollen, in Neuseeland nur so abgelegene, naturbelassene Plätze zu spielen. Gelegenheit dazu hätte es auf den 3.300 Kilometern, die wir durch das Land gondelten, genug gegeben. Aber nein, ich mußte mich natürlich an richtigen Kursen reiben, als da waren:

Kelvin Heights in Queenstown am Lake Wakatipu. Im Februar sieht's hier aus wie im Salzkammergut im September. Im glattblauen See spiegeln sich die schneebedeckten Bergkämme, die Matten und Almen ringsum leuchten saftig grün, Blumen blühen, Schwäne ziehen.

Auch der Golfplatz, am äußersten Spitzel einer weit in den See hineinreichenden Halbinsel eindrucksvoll placiert, erweckt heimatliche Gefühle. Die sanften Hügel, die hohen Bäume, die hängenden Fairs.

Der Golfplatz von Shirley liegt fast im Stadtzentrum von Christchurch und ist Austragungsort der New Zealand Open. Der Kurs ist flach, aber interessant onduliert. Die Spezialität von Shirley sind die Bunker, richtige, mindestens zwei Meter tiefe „traps“, wie das hier heißt. Aber wer wie ich die riesigen Grüns nicht trifft, ist selber schuld.

Knapp vor der Einfahrt nach Rotorura liegt der Platz von – bitte Atem anhalten – Arikikapakapa, angeblich eine Sehenswürdigkeit. Hier soll es Löcher geben, aus denen plötzlich die Geysire sprudeln. Wir halten an und schauen uns um. Die erste Spielbahn präsentiert sich als brüchig-staubiges, grasloses Rollfeld.

Wir verzichten. Ebenso wie auf den weiteren Genuß von Lamm. Von den 21 Rassen, die alle halten, was das Wollgütesiegel verspricht, sind nur drei genießbar. Diese werden tiefgefroren und exportiert.

Als Genuß erweist sich dagegen der Springfield Golf Club, auch in Rotorura. Hier sollte ich meinen Driver nicht nur als Köcherzierde mit mir herumschleppen, sondern auch auspakken. Die ebenfalls trockenen, aber grünen Fairs gewährleisten einen langen, geraden Roll, mit dessen Hilfe ich die Grüns regulär erreichen könnte – wenn ich könnte. Die hohen Nadelbäume, von denen die Spielbahnen begrenzt sind, spenden leider nicht nur mir reichlich Schatten, den ich bei 35 Grad Celsius gut gebrauchen kann, sondern auch den Grüns Dekkung. Die spielen richtig Verstecken mit mir. Finde ich sie endlich, erweisen sie sich als gut, aber teuflisch.

Bevor wir Neuseeland verlassen, geben wir uns noch den Golfplatz von Mt. Maunganui, nächst der Stadt Tauranga. Von der Topographie her ist mir kaum ein Loch in Erinnerung – sie sind alle relativ flach, breit und gerade, aber hier passiert schon am zweiten Loch, was vorher nie passierte: Mein Ball verspringt sich zwar wie gewohnt im Gelände, ABER IN RICHTUNG FAHNE! Beim 30-cm-Birdie-Putt mache ich fast in die Hose, aber er gelingt.

Glück und Stimulans sind unbeschreiblich. Ich beende die Runde knapp über 90. Die Reise nach Neuseeland hat sich ausgezahlt.

Von der Fülle der facilities etwas verwirrt, wende ich mich an die Golfing Association of New South Wales – ich will für Sydney typische Plätze spielen. Zunächst schickt man mich auf einen Platz mit dem lieblichen Namen „The Lakes". Lakes – bitte beachten Sie den Plural!

Der Lochplan auf der Scorekarte sieht aus, als wäre ein gut gesichertes Wasserschloß kartographiert. Ein Gewirr von

Wasser, Inseln, Stegen und Brücken. Allein auf den Bahnen 14 bis 17 darf man 7 mal Wasser überspielen, von den Löchern, die nur knapp am Rand der feuchten Katastrophen liegen, gar nicht zu reden. Der Proshop von „The Lakes“ hält den Weltrekord im Absatz von Ballangeln.

Als Gegenleistung sind die Löcher extrem kurz, kein Fünfer-Loch über 440, kein Vierer über 330 Meter. Für unsereinen, Champs müssen mehr aufdrehen. Außerdem hat der Platz natürlich gutes Fairwaygras und treue Grüns. Wenn bloß das Wasser nicht gewesen wäre – o la la!

Ein Links-Course nach bestem britischen Vorbild ist der Platz des New South Wales Golfclubs. Puh – der hat's in sich! 6232 Meter bei Par 72; auf den Bahnen alle Schwierigkeitsgrade, die man sich denken kann, aber nicht wünschen soll: Kanonenrohre, doppelte Kamelbuckel, angewinkelte Hundebeine mit 280 Meter Bein und 100 Meter Fuß; Schluchten, Roughs, Sand, und zudem ist das ganze noch eine Hochschaubahn, die in die Beine geht. Dazu der Wind, der steif aber unverläßlich vom Meer hereinbläst. Apropos Meer: Es gilt hier nicht wie in Pebble Beach ballschonend als Lateral Hazard. Hier muß man so lange opfern, bis man drüber ist. Sonst gilt's nicht!

Sydneys New South Wales Golfclub hat ab sofort die Ehre, meine Hitliste zu verzieren.

Bali – Insel der . . . ; nein, ich denke nicht daran, der Insel der . . . ein Attribut anzuhängen. Ein altes abzuschreiben ist mir zu fad, ein neues zu suchen, bin ich zu faul! Und Sie werden mich auch nicht dabei erwischen, wie ich hier pflichtvergessen in einem Liegestuhl liege und mich von Wellen umrauschen, von der Sonne bescheinen, von den Palmen umfächeln oder gar von einem Mandelauge streicheln lasse. Da sei mein Triebwerk vor!

Ich lausche den Klapotetzen auf den Reisterrassen, sehe den Fischern zu, tanze auf Witwenverbrennungen und hocke im Türkensitz zwischen den Andächtigen eines hinduistischen Mondfestes, bis ich spüre, daß die Kontemplation über mich kommt, weil mir – die Füße einschlafen.

Das alles verschafft mir mit unermüdlichem Eifer mein Freund Niomen (das heißt: der Dritte) Bawa, den ich samt Mazda und Chauffeur schlichterdings gemietet habe.

Selbst autofahren sollte man nämlich wegen der zahlreichen beweglichen Hinder- und Hemmnisse auf den Straßen weder auf Java noch auf Bali, es sei denn, man will auch den zweifelsfrei exotischen Reiz eines indonesischen Häfens kennenlernen.

Und natürlich spiele ich – pflichtbewußt – Golf. Golfen – das könnte ich auf den niedlichen drei pitch 'n putt-Löchern im traumhaft schönen Garten des Bali-Hyatt. Ich könnte es auch auf den durchaus brauchbar aussehenden neun Löchern des Bali Beach Hotels – aber ich müßte, temperaturbedingt, um fünf Uhr früh aufstehen, und meine Auffassung von Frühsport sieht etwas anders aus.

So lasse ich mich eines schönen balinesischen Tages hinaufkutschieren in die Berge, wo knapp hinter dem Blumenmarkt von Pancasari, in frischer, kühler Luft, der Golfplatz von Handara liegt. Abgesehen von uns und ein paar Söhnen Nippons ist kein Mensch da. Handara ist vielleicht einer der letzten Geheimtips in dieser golfverrückten Welt. Und außerdem ist es eine Augenweide.

Stellen Sie sich vor: Ein großes gepflegtes Clubhaus mit Restaurant und sauberen Garderoben; ein Bungalow- und Appartement-Hotel mit Tennis und Sauna, jede Menge dienstbarer Geister, die Ihnen gegen geringes Entgelt jeden Wunsch von den Augen ablesen. Ein See, die Berge, der Dschungel; die duftenden Blumen, die blühenden Sträucher. Dazwischen gekonnt verteilt 18 Löcher, 6400 yards lang, Par 72 – ein Traum! Nur vor der Sonne müssen Sie sich hüten: Eine Golfrunde reicht für 8 Tage Blasen auf der Haut.

Singapur legt, so lese ich, Wert darauf, die sauberste Stadt der Welt zu sein. Nun habe ich in vier Tagen wenigstens 160 Kippen den Straßen anvertraut, ohne damit wesentlich zum Verschmutzungsgrad der Stadt beizutragen. Geht auch gar nicht. Oder haben Sie schon einmal eine klinisch reine Baustelle gesehen? Singapur wächst schnell. Wenn Sie nach Singapur reisen, besorgen Sie sich einen Reiseführer vom nächsten Jahr! Meiner vom Vorjahr war nur mehr Makulatur.

Ein gröberer Fehler ist es, von Singapur nach Kuala Lumpur per Bahn zu reisen. Es ist nicht viel billiger als fliegen, man muß mörderisch früh aufstehen, das Essen ist ungenießbar, die Landschaft fad und als Strafverschärfung zeigen sie mir im Zug-TV ausschließlich Videoclips von Elton John. Das First-Class-Abteil ist deep frozen. Nach fast 8 Stunden Fahrt stieg ich als Gefrierfleisch aus. Wer kommt am Äquator schon auf die Idee, sich warm anzuziehen?

Kuala Lumpur hat mehrere Golfplätze, darunter Royal Selangor mit 45 Löchern.

Wir dürfen den New Course spielen. Der Platz ist gut gepflegt, aber außer ein paar mächtigen Bäumen, die mitten auf den Fairways herumstehen, und dem Schweiß, den ich kübelweise vergossen habe, ist mir nichts Bedeutsames in Erinnerung.

Autofahren ist in Malaysia nicht ganz so mörderisch wie in Indonesien, trotzdem aber eines der letzten Abenteuer, das dem Globetrotter in dieser zivilisierten Welt verbleibt. Sie überholen dich links und rechts und am liebsten dann, wenn ihnen einer entgegenkommt und zwischen dir und deinem Vordermann kein Platz ist. Ganz schlimm ist es allerdings nur in Kuala Lumpur selbst und auf der Ausfallstraße, dann läßt der Verkehr nach und es wird geradezu gemütlich. Unbeschädigt erreichen wir den Awana Golfclub in den Genting Highlands.

Als wir ankommen, liegt alles in dichtem Nebel; fallweise bricht ein Sonnenstrahl durch und zeigt die Konturen einer bizarren Vegetation in einer bizarren Landschaft. Von Golfspielen kann keine Rede sein. „Warten Sie noch ein bißchen", sagt der Manager, „der Nebel hebt sich pünktlich um halb elf."

Wir sitzen im etwas zu groß geratenen Speisesaal des Condohotels direkt über dem Golfplatz. Als sich die Wolken endlich an die Anweisungen des Managers halten, geben sie den Blick frei auf die in 1600 Meter Seehöhe in den Berghang gebetteten 18 Löcher. 6155 Meter, Par 71!

Phantastisch! Die Hanglage gibt die Möglichkeit zu jeweils drei, vier terrassenförmig angelegten Tees, die Formation der Fairways läßt selbst aus der Entfernung die Schwierigkeiten des Platzes erkennen. Als Hindernisse dienen Teiche und Seen, dschungelbewachsene Schluchten und wenn sich nichts Natürliches bietet – Rabatteln mit exotischen Blumen. Ein Jammer, daß ich hier nicht länger Urlaub machen kann.

Den 2-Stunden-Ritt in die Fraser Hills hätte ich mir dagegen ersparen können. Der mit ein paar Par 4 Löchern aufgemotzte pitch'n putt (1950 Meter bei Par 31) lohnt den Umweg nicht.

Der Weg hinauf nach Tanah Rata in den Cameron Highlands gleicht dem Grand Prix von Monte Carlo, verschärft durch regen Gegenverkehr. Mit weniger als 15 engen Kurven pro Kilometer gilt die Straße als gerade. Der 18-Loch-Platz kann sich pflege- und aussehensmäßig mit Genting in keiner Weise messen; die Fairs sind teilweise hart und glatzig, die Grüns sind ziemlich naturbelassen und kaum regulär zu putten. Nur die roughs sind identisch: Der malaysische Urwald ist überall undurchdringlich.

Aber einige Löcher sind hier äußerst provokant. Golf ist hier Kampfsport. Ich kämpfe mich von Loch zu Loch, der Platz erweist sich stärker.

Leider erwischen wir – geblendet von der Lage vis á vis vom Golfplatzeingang – auch das falsche Hotel. Wir hätten ins „Ye olde Smokehouse“ gehen sollen. Wie oft trifft man so nahe dem Äquator schon auf die Atmosphäre eines schottischen Invercauld Arms?

Beim 16 Stunden-Flug zurück ist Zeit genug, alles Revue passieren zu lassen, was ich Ihnen *nicht* beschreiben konnte. Die majestätische Küstenlinie von Big Sur, wo sich Henry Miller niederließ, nur um meine Reiselektüre, die wunderbaren „Orangen des Hieronymus Bosch“ zu schreiben; oder was sich abspielte, bis ich – ohne gekauft zu haben (!) – aus dem Laden wieder draußen war, den ich in Chinatown von San Francisco mit der harmlosen Frage nach dem Preis einer Kamera betreten hatte; oder was ich dachte, als ich auf einer Karte von Kauai den „wettest point on earth“ entdeckte. Haben die eine Ahnung, dachte ich.

Vieles zieht an mir vorüber, ungeordnet und bunt: Die Spiegelungen in den Fjorden Süd-Neuseelands, die Anmut der indonesischen Mädchen, das Ebenmaß von Borobudur, der tausendjährigen javanischen Tempelanlage, der Prunk der hinduistischen Hochzeit, in die ich zufällig in Kuala Lumpur geriet. Und auch die Jazzer in den Beiseln Sydneys habe ich noch im Ohr.

Vieles könnte ich Ihnen noch erzählen, verehrter, vereinzelter Leser; aber Sie sind selbst schuld: Was kaufen Sie sich auch ein Buch, das nur 160 Seiten hat?

Wintergolf:

KOMM INS COMPUTERLAND

Ein Mensch kann Lebenslust verlieren,
wenn Wintergreens ihn fadisieren;
bis er entdeckt mit einem Male:
Golfspielen kann man auch im Saale!

Computer kauft man heutzutage im Spielzeuggeschäft. Mein zehnjähriges Nestscheißerl wirft mit Gigabytes nur so um sich, korrespondiert per e-Mail, surft wild durchs world-wide-web und ihre jüngere Schwester wäre sehr enttäuscht, brächte ihr das nächste Christkind nicht einen allseits vernetzbaren Intel Pentium II Prozessor, aber bitte mit 450 Mhz, Intel 440 BX Chipsatz, 512 KB Cache, USB und ATX, 8,4 Gigabyte Festplatte, 32-fachem CD-ROM Laufwerk und 16 Bit Stereo 3D Sound. Das Microsoft Windows 98 Betriebssystem nicht zu vergessen.

Ich dagegen gehöre jener verstaubten Generation an, die das kleine Einmaleins noch kann. Um einen Mikrochip zu produzieren, brauche ich keine High-Tech-Industrie, sondern ein Siebener-Eisen. Trotzdem ist Silicon Valley schon bis zu mir vorgedrungen: Ich besitze einen solargepowerten Taschenjapaner zu 9.90 und eine Armbanduhr, auf der man Golf spielen kann. Die Benützung meiner Bankomat-Karte verursacht mir noch immer Schweißausbrüche und die Kassiererin meines Supermarktes lächelt nur noch mitleidig, weil ich nicht und nicht begreifen will, daß ich ihr die Diätmargarine scannergerecht in die Hand zu drücken habe.

Ich bin, wie ich befürchte einräumen zu müssen, nicht nur

in puncto Golf ein hoffnungsloser Fall. Jetzt bin ich aber wenigstens am Weg zum Computerfreak. Und das kam so: Eines warmen, sonnigen Tages des vergangenen Winters, an dem ich eigentlich nur deswegen zu Hause saß, weil ich Wintergreens nicht mag und weit und breit kein Schnee lag, flatterte mir eine Broschüre ins Haus. Darin ein Beitrag von Willi Hofmann, mit dem Titel „Golftraining in der Halle". Hofmann beklagt zunächst die Tatsache, daß die Handicaps der meisten deutschen Golfer im zweistelligen Bereich liegen. Nicht nur der deutschen, o Du mein Willi!

Zur Abhilfe empfiehlt Hofmann speziell dem Anfänger und nur mäßig Fortgeschrittenen Hallengolf, weil man sich dort mehr auf den Schwung konzentriert als auf den Ball. Dabei soll man sich mittels Video aufnehmen lassen und sich dann den einzigen guten Schwung, der in stundenlanger Arbeit zustande gekommen ist, so lange ansehen, bis sich das Bild gewissermaßen nach innen verlagert hat, so daß man es jederzeit wieder abrufen kann.

Das klingt einleuchtend, ist aber für den nur minder visuellen Typus, dem ich leider angehöre, noch nicht überzeugend. Kurz danach treffe ich Herrn Dr. P., zweistelliger Handicapper. Allerdings mit einer Eins am Anfang. Er kommt gerade von einem kürzlich in der ehemaligen Waschküche eines Wiener Gemeindehauses eingerichteten Indoor-Club. Dort gäbe es ein Gerät, das digitale, graphische und visuelle Auskünfte zu ein- und demselben Schwung miteinander verbindet. Ihm hätte die regelmäßige Übung an dieser Wundermaschine im letzten Jahr eine Hc-Verbesserung um vier Schläge eingebracht.

Jetzt bin ich endgültig überredet. Den bewußten Gemeindebau kennt in Wien jedes Kind, vorausgesetzt es ist vor dem Weltkrieg, dem zweiten, bitte, geboren. Glückliche Mitmenschen, deren Strafmandate die Steuer zahlt, parken am Gehsteig direkt vor dem Clubeingang. Ich finde relativ mühelos

Aus jeder Ecke blickt das gierige Auge einer Videokamera . . .

einen Parkplatz in einer Seitengasse. Natürlich will ich es professionell angehen und nehme meine eigenen Schläger mit. Alter Mann mit Golfbag auf der Schulter sieht an einem trüben Märztag am Trottoir eines Wiener Arbeiterbezirks richtig exotisch aus.

Ich schleppe mein Besteck bis nach hinten in die Cafeteria, trage mein Begehr vor und zahle, da ich in der Zeitzone B bin, einen wirklich bescheidenen Obolus. Man zeigt mir bereitwillig, was man aus der Waschküche eines Gemeindebaus alles machen kann. Ich schätze, daß hier ein viertelhundert Golfer gleichzeitig üben können. Vom simplen „Headup-Preventer" bis zu zwei Platzsimulatoren ist alles vorhanden. An die zwei Millionen Schilling wurden allein in die technische Einrichtung investiert und dementsprechend großzügig ist sie ausgefallen.

Besonders stolz ist man aber auf die Übungsplätze, die mit Hirn und Liebe gestaltet sind: Die raffiniert ondulierten Putting-Greens, der Pitch-Platz mit vorgelagertem Wasserhindernis und vor allem das selbstkonstruierte Stück Fairway, auf dem mittels Handkurbel jede, aber wirklich jede Hanglage simuliert werden kann.

Wir gehen zurück zum ersten Abschlagplatz mit einem Headup-Preventer.

Hofmann hat recht: Im Saal bleibt der Kopf ganz von alleine unten.

Also ein Häuserl weiter. Hier steht ein Shotanalyzer, ein tolles Ding: Es zeigt mir in Metern an, wie weit mein Ball carry geflogen wäre, in m/sec die Geschwindigkeit meines Schlägerkopfs und in Graden die Abweichung meines Schlägerkopfs vom Sweetspot. Und damit es ein Armitschkerl wie ich auch versteht, gibt's die letztere Darstellung auch graphisch. Mit den Eisen funktioniert's bald ganz gut, den Sweetspot der Hölzer scheine ich aber zu Hause vergessen zu haben.

Das nächste Gerät mißt die Geschwindigkeit meines Balles

unmittelbar nachdem ich ihn verprügelt habe. Abgesehen davon, daß ich mit dieser Auskunft nur wenig anfangen kann, bringe ich den Ball nur selten genau zwischen die Sensoren, die das messen.

Jetzt geht's ein paar Stufen hinab. Ha, ein Bunker! Freudig hopse ich hinein – mit dem Ergebnis, daß ich mir den feinkörnigen Sand aus den Schuhen beuteln kann: In meiner Übungseuphorie habe ich vergessen, daß ich zwar schicke, aber kaum bunkergeeignete Straßenschuhe trage.

Besonderen Spaß macht das Pitchen. Das erhöhte Grün mit Loch und markiertem Zentrum ist naturgemäß (richtiger: saalbedingt) nicht weit entfernt, so daß man sehr viel Zartgefühl entwickeln muß. Dosiere ich die Streicheleinheiten schlecht, landet der Ball im Wasserhindernis, streichle ich ihn richtig, kommt er zu mir zurückgerollt, als sei er ein Apportel.

Die nächste Station ist eine kleine, teppichbespannte Holzbühne, die mittels Handkurbel unschwer vertikal so verstellbar ist, daß jede auf freier Wildbahn mögliche Sch. . .lage hergestellt werden kann. Wer immer dieses Folterinstrument erfunden hat, ihm gebührt ein Golf-Oscar!

Hanglagengeeicht gelingen mir ein paar gute Schläge. Ich betrete das nächste Gelaß und glaube, in eine Sparkassenfiliale in Erwartung des nächsten Bankraubes geraten zu sein: Aus jeder Ecke bleckt das gierige Auge einer Videokamera. Mein Stand, meine Ansprechroutinen, mein Schwung werden von drei verschiedenen Seiten gleichzeitig gefilmt.

Triplesynchron bestätigt sich, weshalb ich mich auf Gruppenbildern mit Rabe stets in den Hintergrund dränge: Meine vom Winterspeck noch imposanter modellierte Figur sprengt den Rahmen aller Bildschirme, mein Addressing erinnert stark an die Outragen der Pradler Ritterspiele, meinen Abschwung scheine ich beim Holzhacken zu trainieren und mein Durchschwung ist so gut wie nicht vorhanden. Nein, guter

Herr Hofmann, alles können Sie von mir verlangen, nur nicht, daß ich mir selbst im Fernsehen zuschaue!

Nach dieser Tortur habe ich eine Pause verdient. Die Cafeteria hat sich mittlerweile mit Golfern gefüllt, die Clubleben praktizieren.

Abgesehen vom Kaffee war alles, was ich bisher an Clubleistungen in Anspruch nahm, im Eintrittspreis inbegriffen. Ab jetzt kostet es zusätzlich. Das ist aber nicht der Grund, warum ich den rechts befindlichen Video-Analyzer links liegen lasse. Er würde meinen Corpus in zweifacher Ausfertigung auf einem (!) Bildschirm zeigen. Ich bin auch so gestraft genug.

Dafür genehmige ich mir, Patriot der ich bin, für 140 Schilling eine Indoor-Runde am Murhof. Der „Golfvision" genannte Simulator funktioniert vom ersten bis zum letzten Schlag einwandfrei, ist aber trotzdem eine österreichische Erfindung. Die Anlage schenkt meinem Fünfer-Holz Längen bis zu 180 Metern (die werden doch nicht den „Roll" des flachen Platzes einkalkuliert haben?), raubt mir angemessen Weite, wenn ich im tiefen Rough oder im Sand liege, bestraft meine schlecht berechneten Pitches und Chips und baut nach Hooks und Slices ganze Nadelwälder vor mir auf. Mein Score weckt die Erinnerung an meine ersten Runden in der Murhofer Natur. Leider sollte ich inzwischen etwas besser spielen.

Der absolute High-Tech-Hit ist aber der sogenannte Swing-Analyzer. Das ist das Ding, dem Dr. P. die Hc-Verbesserung verdankt. Das Gerät informiert digital, graphisch und, mit dem schriftlichen Ausdruck vergleichbar, am Bildschirm über alles, was einen Golfschwung ausmacht. Ich weiß jetzt zum Beispiel, daß ich mein Gewicht weder richtig noch falsch, sondern überhaupt nicht verlagere und daß ich viel zu schnell aufschwinge. Einbilden darf ich mir dagegen was auf meine

Schwungbahn, die nur unwesentlich von der Ideallinie abweicht. Wieso der Schlägerkopf den Ball dann doch nicht optimal trifft, bleibt ein Rätsel, das es zu klären gilt.

Der vergangene Winter war dafür schon zu fortgeschritten. Im kommenden werd' ich aber Stammgast im Computerland.

IST GOLF ERZIEHERISCH?

Jugendförderung ist in! Dagegen ist nichts einzuwenden. Obwohl mir schon ein wenig bang ist bei dem Gedanken, ausgerechnet mein Club könnte den nächsten Tiger Woods entdecken. Stellen Sie sich vor, dann pilgern die bis dahin 250.000 Golfer Österreichs rudelweise in unser beschauliches Nest, fallen auf die Knie und küssen das Tee, von dem unser begnadeter Knirps einst mit dem Babydriver herumfuchtelte. Nicht auszudenken!

Kürzlich geriet ich aber in einem fremden Club in ein Sparkassen-Turnier. Sparkassen treiben's mit der Jugend, sie ist die zukünftige Klientel, und daher war bei diesem Turnier auch ein Kinder-, pardon Nachwuchspreis ausgesetzt. Auch das ist zu begrüßen. Golf ist wie kein zweiter Sport pädagogisch. Golf erzieht zur Ehrlichkeit. Zur Fairneß, zur Rücksicht und zur Demut; es läßt die eigene Fehlbarkeit erkennen. Unfehlbare gibt es sowieso genug.

Und außerdem kann man gar nicht früh genug lernen, wie man sich auf einem Golfplatz verhält. Golf erzieht zum pfleglichen Umgang mit allgemeinem Eigentum, zur Geduld, zum Wartenkönnen. So denke ich.

So denke ich, bis zu diesem Turnier.

Die jungen Herrschaften, vier hoffnungsvolle Knaben zwischen 9 und 12, starten als letzter Flight. Begleitet, behütet und belehrt von ihren Vätern als Caddies. Ich komme mit der Gruppe das erste Mal in Berührung, als ich vor dem 14. Grün stehe. Ein Ball saust haarscharf am Ohr eines meiner Mitspieler vorbei. Er kam vom 9. Tee herunter, wo der Nachwuchs gerade abschlägt. Ein abgeirrter Ball, na schön, das kann vorkommen. Aber warum hat keiner Fore gerufen?

Während wir zum Grün gehen, kommt der junge Mann dahergelaufen, mißt an und schlägt seinen Ball über unsere Köpfe hinweg zurück auf sein Fairway. Dort steht sein Vater und applaudiert ob des gelungenen Recoveries. Der Spieler selbst ist nicht zufrieden. Er bricht in Flüche aus und hopst herum wie weiland Rumpelstilzchen. Warum? Weil er uns nicht getroffen hat?

Der Ball landete übrigens mitten im Vorflight der Kinder, der irgendwann dann auch überspielt wurde. Wie? Ausgesprochen brutal, erzählen diese Golfer, es wurde mehrere Male in uns hineingespielt und die Väter haben sich vor den Kindern über uns lustig gemacht.

Bei der Siegesfeier saßen die Knaben am Nebentisch. Sie waren zwar noch immer nicht geschneuzt und gekampelt und trugen noch die Klamotten, die eher zum Street-Soccer passen als zum Golf, sonst aber benahmen sie sich durchaus gesittet, sprachen gepflegter nach der Schrift als ich und selbst der Gebrauch von Messe und Gabel war ihnen nicht fremd.

Offenbar bringt man ihnen doch auch Benehmen bei. Nur auf die Herren Väter hat man vergessen.

„KÄRNTEN IS LEI AANS!"

Wenn der Klammer-Franzi (Hcp-6) als Gewinner eines Golfturniers in seinem Heimatclub Bad Kleinkirchheim zur traditionellen Siegerrede anhebt, wird's für die bundesdeutschen Turnierteilnehmer problematisch. Sein Dialekt ist zwar von lieblichem Reiz, die Ähnlichkeit mit der deutschen Hochsprache aber bestenfalls rudimentär. Hat man Glück, ist der Kärntner Landeshauptmann Christof Zernatto (Hc-25) anwesend; dann heben die beiden zu einer Art Doppelconférence an, in der der Politiker versucht, den Schmäh der Skilegende ins Deutsche zu übertragen. – Was ihm allerdings auch nur selten lupenrein gelingt.

So war es auch nicht leicht, die Bedeutung der Überschrift dieses Berichts, des Kärntner Wahlspruchs schlechthin, zu ertüfteln. Die Meinungen der Einheimischen gehen ziemlich auseinander. Am treffendsten dürfte noch die Interpretation des rheinpfälzischen Geschäftsmannes Willy Feyock, seit 1990 Wahlkärntner, sein. Er meint, „lei aans" heiße soviel wie: Kärnten ist eine Einheit aus Natur und Mensch, alles ist integriert, alle sind für alle da.

Willy Feyock hebt die Freundlichkeit, die Hilfsbereitschaft und die gute Laune der Kärntner hervor. Der weitgereiste Mann ist überzeugt, daß in Kärnten viel mehr gelacht wird als anderswo im deutschen Sprachraum. Er führt dies auf das angenehme Klima mit mindestens 270 bis 280 Sonnentagen jährlich „im Lee" des Großglockners zurück. Fernab der Pestilenzen unserer Zeit hätte Kärnten mit seinen Bergen, den Wäldern, den Seen, der Ruhe, seinen vielfältigen Möglichkeiten und seiner bequemen Erreichbarkeit die Chance, die

Urlaubsoase der Europäischen Union schlechthin zu werden. Für den Golfer ist sie es schon!

Beginnen wir im bereits erwähnten Bad Kleinkirchheim. Die heilende Kraft seiner Quellen soll Pfalzgraf Poto auf seiner Flucht vor Heinrich III. im Jahre des Herrn 1055 entdeckt haben. Erschöpft, zerstochen und zerkratzt sank er hin am Rande eines munteren Bächleins, und mit Erstaunen nahm er wahr, wie seine Schwären schwanden. Na ja, in Kärnten ist auch Geschichte nicht ohne lieblichen Reiz. Heute verfügt der idyllisch inmitten der Nockberge in 1000 Höhenmetern gelegene Ort über eine Hotellerie und Gastronomie, die jedem Anspruch und jeder Börse gerecht wird, seine Kuranwendungen lassen kaum eine Zivilisationskrankheit ungeheilt, und sein Freizeitangebot, ob Sommer oder Winter, befriedigt so ziemlich alle Wünsche, ob herkömmlich oder extravagant.

Auch wer am Golfplatz Variantenreichtum sucht, wird in Bad Kleinkirchheim fündig, wobei Don Harradine, der die 18 Löcher baute, das Gelände optimal zu Hilfe kam. Verdammt lange Löcher wechseln mit fatal kurzen, manche bieten Platz, manche bestrafen auch schon den kleinsten Slice oder Hook, manche vertragen Kraft, fast alle verlangen, der zahlreichen Wasserhindernisse wegen, aber Hirn. Als angenehm wird empfunden, daß viele Drives bergab führen; hügelauf, vom 16. Grün aufs 17. Tee, verkehrt – eine typisch kärntnerische Freundlichkeit – ein Bus.

Der Golfeinsteiger wird mit einer großzügigen und dem modernsten technischen Standard entsprechenden Übungsanlage bedient. Auf dem 14 ha großen Gelände haben 16 überdachte, davon 8 beheizte, sowie 60 im Freien liegende Abschlagplätze und neun Kompaktlöcher Platz, von denen sechs schon bespielbar sind. Fünftausend Neugolfer, überwiegend Deutsche, gehen hier jährlich durch, etwa 1500 fahren mit einem Zertifikat der Platzerlaubnis nach den Kriterien der EGA wieder heim.

Fährt man hinunter an den Wörthersee, ist schon nach zwanzig Minuten die nächste Golfakademie am Weg. Der volle Parkplatz und der Blick auf die Schar der unermüdlich Übenden entlocken dem Könner nur ein mildes Lächeln, er weiß, nur zehn Minuten weiter, in Moosburg oberhalb von Pörtschach, findet er die nächsten 18 attraktiven Löcher.

Die Spielbahnen des GC Austria in Moosburg sind, sieht man vom etwas entlegenen Kurs am Klopeinersee ab, wohl jene in Kärnten, die körperlich am wenigsten anstrengen. Meist geht es über relativ breite Fairways eben dahin, verfrühte Freude über das, was die Österreicher „a g'mahde Wies'n" nennen, ist aber trotzdem nicht angebracht: Zahlreiche Wasserhindernisse und einige das Gelände zierende Baumriesen sorgen dafür, daß die Endabrechnung nicht allzu positiv ausfällt.

Keine Viertelstunde weiter stoßen wir auf die 27 Löcher des Golfclubs Klagenfurt-Seltenheim. Neun Löcher schlängeln sich hügelig und eher eng einen Berghang entlang, 18 liegen bunker- und wasserreich zwar flach, von der Länge her aber championshipwürdig im Tale. Architekt war Perry O. Dye, nicht zu verwechseln mit dem berüchtigten Pete, aber nicht weniger trickreich. Zu welchem Bonmot Freund Klammer der Clubname inspirierte, kann man sich vorstellen. Aber keine Sorge: Er kehrt zwar selten bald heim, aber irgendwann doch immer.

Wir begeben uns dagegen unverzüglich weiter nach St. Kanzian, auf die 18 Löcher des bereits erwähnten GC Klopeinersee. Der Kurs liegt in einer Art Kessel, von dessen Rändern praktisch der gesamte Platz überschaubar ist, ein ebenso seltenes wie beeindruckendes Erlebnis. Der Platz ist, abgesehen von der leichten Erhabenheit der Schüsselränder, flach, dank perfekt placierter Sandbunker und einiger Biotope aber äußerst interessant und durchaus auch wert, einige Tage in der Region Klopeinersee/Turnersee zu verbringen.

Für die Rückfahrt zum Wörthersee bietet sich ein lohnender Abstecher an. Südlich von Klagenfurt geht es zunächst durch liebliche Landschaft, später durch die wild zerklüftete Bergwelt der vielbesungenen Karawanken über den Loiblpaß nach Slowenien und weiter, westwärts die Grenze entlang, bis man auf die Abzweigung nach Bled und dort auf einen Golfplatz stößt. Die 18 Löcher von Bled sind wahrscheinlich die sportlich fairsten der Region. Breite, lange Spielbahnen von oft erhöht angelegten Abschlägen optimal zu treffen, korrekt plazierte Bunker, absolut kein Wasser, dafür aber teils raffiniert ondulierte große Grüns laden speziell den Longhitter und auch sonst erfahrenen Golfer zu einer attraktiven und befriedigenden Runde. Zurück zum Wörthersee sind es durch den Karawankentunnel nur mehr 40 Minuten plus der Zeit für einen Stopp im Duty-free-Shop vor der Grenze. Zahlungsprobleme gibt es keine. Der Slowene schätzt das echte Geld, am meisten in der Form der Deutschen Mark.

Schön langsam wird es Zeit, direkt am Wörthersee Quartier zu suchen, denn Kärnten hat sein golferisches Pulver noch lange nicht verschossen. In Köstenberg, hoch über dem See und von Velden doch in einem schwachen Viertelstündchen zu erreichen, locken schon wieder 18 Löcher. Der Blick vom 10. Tee auf das tief darunter liegende Fairway und das hinter einem idyllischen Teich gelegene Grün ist für das Golferauge zweifellos einer der schönsten im ganzen Alpenraum, und wenn dann noch der Drive gelingt, ist ein oft geträumter Golftraum in Erfüllung gegangen.

Doch solches Glück will auch verdient sein, denn wo ein Tal ist, ist meistens auch der nächste Berg nicht weit. Dem Kenner sagt das zweierlei: Der Platz ist trick- und variantenreich und die Miete eines E-Carts kann nicht schaden.

Und auch in Dellach tut so ein fahrbarer Untersatz ganz

gut. Heute kann man sich vom Rafting bis zum Paragleiten in Kärnten natürlich auf die verschiedenste Art amüsieren, gegen Ende der 20er Jahre, als ein britischer Kärnten-Fan und Wörthersee-Stammgast bei Dellach am Südufer des Sees die ersten neun Löcher in die Felder buddeln ließ, ging's noch nicht so abenteuerlich zu. Obwohl es von Major Foster, so hieß der Mann, auch ganz schön mutig gewesen sein mag, dafür ausgerechnet einen Ausläufer des Pyramidenkogels und damit für britische Verhältnisse fast hochalpines Gelände auszuwählen.

Dementsprechend hügelig und abwechslungsreich geht's auf den heutigen 18 Löchern zu, unter denen sich das mit 580 Metern längste Loch Österreichs befindet.

Aber damit ist Kärnten noch lange nicht „ausgegolft", läßt sich auf der Heimreise doch noch ein Abstecher an die Gestade des Millstätter Sees, oder richtiger auf den das nördliche Ufer begrenzenden Höhenzug oberhalb des Badeortes Millstatt einlegen. Die 18 Löcher sind ebenfalls eine gut durchwachsene Mischung aus flachen und hügeligen Spielbahnen.

Der Vollständigkeit halber sei erwähnt, daß bei Fertigstellung dieses Buches auch noch in Wolfsberg im Lavanttale und in Berg im Drautal je neun Löcher mit Par 30 bzw. 31 des Golfers harrten. Nichtgolfer müssen aber nicht befürchten, daß das südlichste Bundesland Österreichs bald ein einziger Golfplatz ist.

Golf in Österreich II:

DAS LOCH MIT DEM SISYPHUS-EFFEKT

Die „Briefmarke“ von Troon, der „Amen Corner“ von Augusta – jeder bessere Golfplatz hat seine landmarks. Sagte man früher, man hätte Salzkammergut gespielt, hörte man stets: „Ah, das ist der Platz mit dem steilen Par 3 bergauf!“

Im Zuge des Ausbaus auf 18 Löcher wurde das Loch geschliffen. Manchen tut das heut' noch leid. Aber die cleveren Salzkammergutler wären nicht clevere Salzkammergutler, hätten sie nicht für Ersatz gesorgt.

Die Rede ist vom 16. Loch, dem neuen Wahrzeichen des Salzkammerguts, weiten Kreisen auch als Loch mit dem Sisyphus-Effekt bekannt. Vorgabewert 6, mehr gibt eine Länge von maximal 475 bei Par 5 nicht her. Schon die ersten 300 flachen Meter sind nicht leicht. Ist die Spielbahn doch knapp entlang der rechten Grundgrenze angelegt und das bedeutet gnadenlos: OUT. Links kann man sich auch kaum halten, denn dort droht jedem nicht ganz gelungenen Schlag das hübsche Gewässer, das das 14. Grün verteidigt.

Also gibt's nur eines: Nerven bewahren, warten bis die Knie nicht mehr schlottern und die Hände nicht mehr zittern, ruhig auf- und langsam durchschwingen, Augen schließen und beten. Beten, daß der aus dem Salzburgischen hereinwehende Gegenwind den Ball nicht ins Nirgendwo verbläst.

Longhitter werden, wenn alles gut gegangen ist und der „Roll“ gnädig war, mit dem Drive knapp an der nun beginnenden 45 grädigen Steigung liegen. Älteren Semestern und stärkeren Marlboro-Konsumenten ist überhaupt zu empfehlen, für die Reststrecke zwei Schläge vorzusehen. Denn die nicht nur cleveren, sondern auch fürsorglichen Salzkammer-

... noch jeder ist, fragt sich nur wann, hinaufgekommen.

gutler haben auch an diese Spezies gedacht: Über die nächsten 130 Meter schleppt sie lungenschonend ein Lift. Liegt man mitten am Berg, kann man erstens den Lift vergessen – schnauf, schnauf – und zweitens zählt ein langer Schlag aus dieser Lage auch nicht zu jedermanns Repertoire. Bleibt man aber zu kurz merkt man mit Schrecken, daß runde Gegenstände auf schrägen Flächen eine ungeahnte Eigendynamik entwickeln können. Sisyphus grüßt zum ersten Mal.

Aber zum Trost: Noch keiner ist am Hang verhungert oder erfroren. Noch jeder ist, fragt sich nur wann, hinaufgekommen. Um, sofern der Atem reicht, über das Grün zu fluchen, das teils steil über eine Stufe, teils sanft, aber beständig, genau dorthin abfällt, woher man gerade gekommen ist. Man spürt den höhnischen Blick von Freund Sisyphus förmlich im Rücken, wenn der Ball hinten oben liegt und die Fahne vorne unten steckt!

Doch irgendwann, sei's per Lochen oder Strich, ist auch hier die Plag' zu Ende und die Belohnung nah. Rechts oberhalb des Grüns steht ein zur Bank umfunktionierter Baumstamm. Lassen Sie sich nieder, atmen Sie durch, packen Sie Wurstsemmel und Bier aus und blicken Sie um sich. Sie werden überwältigt sein und zur Überzeugung kommen: Es blieb mir zwar nichts erspart, aber es hat sich ausgezahlt!

ABSEITS DER TOURISTENPISTEN

Ein Sonnabend im August. Die letzte deutsche Ferienwelle wälzt sich gen Süden und wir, auf der Heimreise aus Deutschland, mittendrin.

Meine Frau fährt oder, besser gesagt, sie hantelt uns von Stau zu Stau. Wissend, was uns erwartet, sind wir viel zu früh aufgestanden und losgefahren. Ich döse vor mich hin und übersehe bei Nürnberg prompt den Abzweiger nach München. Macht nichts, denke ich, schließlich führen alle Wege nach Wien. Meine Frau denkt wie üblich anders, und ich stecke, wie üblich artig und widerspruchslos, eine strenge Rüge ein.

Nach Nürnberg lichtet sich der Verkehr, ab Regensburg gehört uns die schöne breite Autobahn praktisch allein. Mein Weib wittert Morgenluft. Wonneschauer durchzucken ihren Körper, in ihre Augen tritt ein irrlichternder Glanz. Sie steigt aufs Gas, der Wagen startet bei 140 noch einmal durch. Gerhard Berger, dem wir alle nacheifern, fährt solches Tempo nur gegen Extrahonorar.

Meine Beine pressen sich stocksteif gegen ein Bremspedal, das nicht vorhanden ist, der Angstschweiß auf meiner Stirn sammelt sich zu Sturzfluten. Selbst die laufende Berichterstattung von Bayern 3 über den 35-Kilometerstau zwischen Rosenheim und Salzburg samt mehrstündiger Grenzwartezeit erheitert mich nur ungenügend. Zur Ablenkung blättere ich im stets mitgeführten Jahrbuch des Österreichischen Golfverbandes. Muß es da nicht irgendwo im äußersten Winkel Oberösterreichs einen Golfplatz geben?

Im gleichen Moment, in dem ich im Golfjahrbuch unter „U“ fündig werde, beschließe ich, allfällige Terminversäumnisse in die Schuhe eines meiner besten Freunde zu schieben. Alzi heißt er.

Pflichtschuldigst referiere ich meiner Frau. Es gibt nur eine einzige zweite Sache, zu der sie sich so schnell überreden läßt, und sie beendet die Tempotortur bei Aicha.

Verschlungene Pfade führen uns durch den Bayerischen Wald. Manche Dörfer hier tragen großsprecherische Namen wie München und Prag. An Waldkirchen vorbei kommen wir an die Grenze und dann ist es nur mehr ein Katzensprung nach Ulrichsberg. Am Kirchplatz steht ein vertrauenserweckend dreinschauendes Wirtshaus und wir nehmen Quartier.

Es ist vier Uhr, zu früh, den Tag zu vertrödeln. Der Golfplatz ist fünf Kilometer nahe, noch näher liegt nur der Gedanke, sich nach der langen Reise die Beine zu vertreten. Noch dazu, wo es hier auch einen Pitch- und Putt-Platz gibt.

Vier Abschläge pro Loch. Von hinten zwischen 145 und 170 Metern. Von vorne zwischen 85 und 100 Metern. Sechser-Eisen, Wedge und Putter genügen. Wer zwingt mich, von hinten abzuschlagen, wenn mein Sechser zu schwach ist? Wer zwingt mich, mich dem einheitlichen Par 3 zu unterwerfen, wer zwingt mich, überhaupt mitzuzählen? Heute nicht einmal ich mich selber.

Die neun Löcher sind über einen Hang verstreut. Geschätzte Höhendifferenz: mindestens 100 Meter. Anstrengend, aber gut nach so einem Tag. Und weil's so schön war, spielen wir sie gleich noch einmal, bis die Sonne rötlich im Westen versinkt und sich nur mehr die Kirchturmspitzeln aus dem abendlichen Dunst heben.

Die Höhenunterschiede am 18-Lochplatz sind etwas humaner, trotzdem war das vortägige Konditionstraining keine Fehlinvestition. Das weit überschaubare Gelände ist lieblich, von dunklen Restposten des Böhmerwalds umrahmt, von Wasserläufen, die manchmal zu kleineren Seen ausarten, durchzogen.

Attraktive und provokante Löcher? Jede Menge!

Mein Gesamteindruck? Äußerst abwechslungsreich!

Mein Score? Vernichtend!

Der Grund? Meine Ballverluste. Gott sei Dank bleiben Sie unbeobachtet, ein paar meiner sogenannten besten Freunde würden sonst eine Gläubigerversammlung einberufen.

Natürlich wirft einer wie ich nach so einer Runde nicht das Handtuch, um so mehr, als die Mühlviertler im Clubhaus ausgesprochen lustig sind und das Essen gut ist. Am nächsten Tag, schon wieder zeitig morgens, geht es dann mit ein bißchen Platzkenntnis und -einteilung schon wesentlich besser.

Golfclub Donauland, Linz-Feldkirchen:

„WEN'S HIER NICHT FREUT ..."

Am frühen Nachmittag fahren wir weiter Richtung Linz, biegen aber rechtzeitig von der 127er ab, um Feldkirchen nicht zu verpassen. Der Golfplatz ist nicht ausgeschildert. Eine Frau am Marktplatz rät, den Hinweisen zum Badesee zu folgen und uns auch von Tafeln mit der Aufschrift „Minigolf" nicht schrecken zu lassen. – Sie war schon dort, von „Mini" könne wirklich keine Rede sein.

Die Nähe des Badesees ist nicht zu übersehen. Auf der riesigen ringförmigen Range rackern ein paar Herren in Ruderleiberln und schwingen ein paar ebenfalls nur notdürftig bekleidete Mädels.

Ich denke laut über eine Zweitmitgliedschaft nach. Meine Frau ist dagegen.

Das Gelände ist absolut flach. Nach der Überdüngung

durch die vormalige Landwirtschaft hat sich die Natur rasch erholt, allenthalben blühen Blumen. Für uns ist die Runde hier das richtige Auslauftraining nach der Hochschaubahn von Ulrichsberg.

Das dritte Loch (400-470 m, Par 5) überrascht mit einem dogleg erst 80 Meter vor dem Ziel. Am fünften Loch sorgt ein Inselgrün für Spannung, und das Achte ist gar ein Monster von 475 bis 540 Meter Länge.

Insgesamt ist hier eine Mischung gelungen, die einerseits die ganze Attraktivität unseres Sports erahnen läßt und andererseits dem Anfänger vielleicht die Lust der ersten Pars offenbart.

Hätte Rainer Maria, mein Lieblingsromantiker, gegolft und hier gespielt, so würde seine berühmteste Zeile wohl lauten: „Wen's hier nicht freut, den freut es nimmermehr ...“

Nachtmahl gibt's in einem urigen Wirtshaus im benachbarten Pesenbach. Zum Schlafen fahren wir nach Linz. Meine Frau muß dringend wieder einmal in ein paar großstädtische Auslagen schau'n.

Linzer Golf-Club Mühlviertel, Luftenberg:

DIE DOGLEG-ORGIE

Ebenfalls am nördlichen Ufer der Donau finden wir den GC Mühlviertel in Luftenberg.

Die sogenannte Infrastruktur, Sekretariat, Clubraum, Restaurant, Shop etc., befindet sich im G'wölb eines sorgsam renovierten Meierhofs aus dem 16. Jahrhundert. Das Putting-Grün im vorderen Hof des mächtigen Doppelvierkanters verleitet sogar mich zum Üben: Wie oft versenkt man seine Kugel schon im Angesicht geschichtsträchtiger Mauern wie dieser?

Dann stehen wir am ersten Tee, überblicken fast den ganzen von Keith Preston konzipierten Platz und wissen, daß wir hier alles finden werden, was des Golfers Herz begehrt: Viel Bewegung in Gottes freier Natur, gepaart mit erstklassigen Löchern. „Gepart“ habe ich allerdings nicht viele davon.

Die frontnine ist, sieht man von den Bahnen eins und neun ab, eine dogleg-Orgie. Nicht weniger als sieben Hundebeine schmiegen sich eng aneinander, ohne die gebotene Sicherheit zu vernachlässigen.

Zahlreiche Teiche zieren die zehnte Bahn. Mein Hirn sagt: „Halt dich rechts und sei vorsichtig!“ Meine Arme sagen: „Lächerlich!“, und schon sehen meine Augen den Ball ins Wasser rollen. Stark teichgeprägt ist auch das zwölfte Loch, mein Mangel an Länge verhindert aber das Ärgste. Bereits am Fünfzehnten beginnt das „finale furioso“: Auf den letzten vier Bahnen von Luftenberg ist so ziemlich alles versammelt, was Golf spannend und meine Scores unansehnlich macht.

Weil wir uns die Gelegenheit nicht entgehen lassen, den weltberühmten Altar von Kefermarkt zu besichtigen, finden wir die verdiente Ruhe nach der Runde in Freistadt, einem entzückenden altösterreichischen Städtchen. Eiligere können von dort noch selbigen Tages der tschechischen Grenze entlang nach Weitra, Gmünd, Schrems oder Heidenreichstein, lauter Perlen an einer Kette zu Unrecht vergessener schöner alter Städte, weiterfahren, um Litschau, unserem nächsten Tagesziel, näherzukommen.

GC Waldviertel, Haugschlag/Litschau

GOTTGEWOLLT

In Litschau, oder genauer, am dortigen Herrensee, wurde vor ein paar Jahren ein Urlaubsdorf eröffnet, das vom ersten Tag an ein Hit war. Das durchdachte Konzept, das Komfort mit Erholung und abwechslungsreicher Urlaubsgestaltung in schöner Landschaft und guter Luft sowohl für Erwachsene als auch für Kinder vereint, dürfte dafür maßgebend sein. Apropos Kind: G' scheit wie ich bin, habe ich schon in Ulrichsberg daran gedacht und wohlweislich telefonisch vorbestellt.

Kein Par 4 von unserem bequemen Appartement entfernt liegen Golfschule und Kompaktplatz mit äußerst unterschiedlich gestalteten 18 Löchern. Im Sekretariat gibt es bündelweise Leihsets, denn hier darf jeder, der eine brauchbare Antwort auf die Frage hat, an welchem Ende des Schlägers der Griff ist. Und außerdem sollte jeder, der Probleme mit dem kurzen Spiel hat. Ich, zum Beispiel.

Stattdessen fahren wir stracks und spannungsgeladen die sechs Kilometer nach Haugschlag. Ein weltberühmter amerikanischer Golfarchitekt soll, als er dieses Fleckchen Österreich mit seinen Forellenteichen, Wackelsteinen, sanften Hügeln und dunklen Wäldern erstmals sah, etwas von einem gottbegnadeten Golfgelände gemurmelt haben. Das hätte er nicht tun sollen. Denn wenn's von da oben schon so gewollt ist, dachten sich die schlauen Waldviertler, dann können wir uns den Ami sparen. Und planten ihre 18 Löcher selber!

Der self-made-Interpretation des göttlichen Willens ist vollinhaltlich zuzustimmen. Es sieht so aus, als hätte man über Felder und Schneisen nur Abschläge, Fairways, Bunker und Grüns verstreuen müssen, um Österreich ein weiteres Golfjuwel zu bescheren. Jedes Loch ist landschaftlich schön, interessant und vor allem anders. Die Akzeptanz ist groß. Die Österreicher haben den Geheimtip schon entdeckt. Im Sekretariat liegt sogar eine Startliste auf. Aber keine Angst: Noch liegt der bis zum Golfplatzbau gottverlassendste Winkel Österreichs weit ab vom Zug der Lemminge. Nach zwei wunderschönen Runden in Haugschlag und einem lustigen „Drüberstrarer“ am pitch ‘n putt in Litschau fahren wir nach Hause.

Golf rund um Wien

WO IMMER SAISON IST

Wie mein verehrter, vereinzelter Leser sicher schon bemerkt hat, bin ich alles andere als ein Lokalpatriot. Wär´ ja auch schlimm. Daher fällt mir die Antwort auf die Frage, wann Wien am schönsten ist, relativ leicht: Immer, vorausgesetzt, daß es zum Golfen nicht zu kalt ist. Besonders schön ist Wien im Frühling und im Herbst; da ist es zum Golfen auch nicht zu heiß. Fast noch schöner ist es aber im Hochsommer. Da sind die Wiener alle auf den Golfplätzen in Tirol, Salzburg und Kärnten, und die Plätze in und rund um Wien sind leer.

Sie sehen: Wien hat immer Saison!

Und das zweifellos allerschönste an Wien ist, daß es mittlerweile über ein gutes Dutzend Golfplätze verfügt, die nah genug liegen, um sich vor oder nach der Runde auch noch mit Schönbrunn, Kaisergruft, dem Stephansdom und ähnlich wertlosem Zeug abgeben zu können. Angesichts Ihres vorherzusehenden Zeitmangels will ich Ihnen nur drei der Plätze wärmer ans Herz legen.

Fangen wir mit der guten alten Freudenau, wahrscheinlich

einem golfhistorischen Kuriosum, an. Der Platz wurde 1946 im Wiener Prater, damals tiefste sowjetische Provinz, zur Erbauung höchster britischer und amerikanischer Militärs gebaut. Manche behaupten, daß hier der kalte Krieg beendet und die friedliche Koexistenz erfunden wurde. Es kann aber auch umgekehrt gewesen oder überhaupt ein Schmäh sein. So genau kann man das nie wissen in Wien.

Der Schmäh „rennt" auch ziemlich ununterbrochen an der Clubbar. Trifft man sich hingegen zum Lunch oder Tee im Rondeau, benimmt man sich distinguiert, dem Kaisergelb des Clubhauses angepaßt, der seltene Fall eines Gebäudes übrigens, dem man das Prädikat „charmant" nicht verwehren kann.

In szenarischer Hinsicht könnte man das auch vom Platz behaupten, vermittelt er doch die Lieblichkeit der Wiener Praterauen. Die naturgegebenen Hindernisse, wie riesige Praterriesen, tiefe Schilfgräben und vor allem das „Wiener Lüfterl", hier eine ständig steife Brise, lassen dagegen jeden Charme vermissen. Nicht weniger als 16 der 18 Löcher liegen übrigens im Inneren der Galopprennbahn. Zur friedlichen Koexistenz zwischen Golf- und Rennverein trägt bei, wer es vermeidet, den edlen Rennern Beschädigungen zuzufügen.

Einem Spaziergang in die glorreiche Geschichte der österreichischen Aristokratie gleicht dagegen eine Runde am GC Schloß Schönborn, etwa 30 Fahrminuten nordwestlich von Wien. Schon die 20 von 27 Löchern schützende Parkmauer vermittelt, bemoost und leicht verschimmelt, einen Hauch von Nostalgie. Verschwiegene Salett'ln, zerbröckelnde Götterboten, windschiefe Säulenheilige säumen den Weg des Golfers. Ein Spinnennetz zwischen dem Bug einer halbversunkenen Zille und einer steinernen Brücke über trägen Wassern leuchtet mystisch in der schrägen Sonne. Eine Sehenswürdigkeit für sich sind die eleganten Clubräume, die sich im sorgsam renovierten Teil des Schlosses befinden.

So vereint Schönborn, dessen Kurs als einer der besten Österreichs gilt, in idealer Weise Kultur und Romantik im Sport.

Ebenso wie die 27 Löcher von Schönborn stammen die zweimal 18 Loch des Colony Club Gutenhof bei Himberg, südöstlich von Wien, vom deutschen Architekten Kurt Roßknecht. Auch diesen Anlagen wird hoher sportlicher Wert zugebilligt, die Frage, welcher der beiden Plätze der bessere ist, entzweit aber immer noch die Fachwelt. Durchschnittsgolfer halten zumeist den Westkurs für attraktiver, obwohl sie von hier, des vielen Wassers wegen, meist die schlechteren Scores heimbringen. Spitzenamateure und Pros tun sich dagegen am Ostkurs schwerer. Beiden Plätzen ist mit Par und Standard 73 Championship Würdigkeit zuzugestehen.

Das Finale des Westkurses verbreitet einen Hauch von Sun City. Das Clubhaus wiederum bemüht sich, dem Clubnamen entsprechend, an den Kolonialstil des amerikanischen Südens zu erinnern.

Weitere 18 Lochkurse im Bannkreis Wiens befinden sich in Schönfeld, in Brunn am Gebirge, im Park des Schlosses Ebreichsdorf, in Süßenbrunn und in Spillern.

Eine Neun-Löcher-Anlage wurde am Wienerberg, an der südlichen Stadtausfahrt eröffnet. Sie ist ein gelungenes Beispiel für die sinnvolle Nutzung einer aufgelassenen Schuttdeponie und erregt schon deshalb internationales Aufsehen.

GC Gut Altentann:

DIE JACK-NICKLAUS-KREATION

Alles neigt sich einmal dem Ende zu. Möglicherweise sind Sie froh darüber, denn unser liebstes Charakterpärchen, der Schlendrian und die Schlamperei, hängt Ihnen schon zum Hals heraus. Trotzdem: Nehmen Sie sich für die Rückfahrt ein paar Tage Zeit. Nicht wegen der Staus, die unsere umsichtigen Baustellenplaner genußvoll über die Westautobahn, die einzige Touristenpiste, die ich Ihnen nicht ersparen kann, zu verstreuen belieben, sondern wegen des einen oder anderen Golfplatzes, der sich am Wegesrand befindet.

Haben Ihnen Grießnockerl, Schweinsbraten, Erdäpfelknödel, Tiroler Gröstl und Apfelstrudel (auch ohne Sahne) zugesetzt? Nun, dann sind nach all den flachen Plätzen von Wien und Umgebung die jeweils 18 Löcher von St. Pölten/Schloß Goldegg oder Linz/Tyllisburg nicht nur gut für Ihr Golf, sondern auch für Ihre Linie.

Was Sie aber, wenn Sie schon einmal hier sind, keineswegs versäumen dürfen, ist etwas, wofür Sie sonst nach Cornwall oder Schottland reisen müßten: Gut Altentann bei Henndorf am Wallersee, die erste 18-Loch-Kreation von Jack Nicklaus auf dem europäischen Kontinent. Wir sind, ich gestehe es beschämt, darauf fast so stolz wie auf das 3:2 von Cordoba.

Hier ist alles perfekt. Die Gastlichkeit, mit der man empfangen wird, das Ambiente des Clubhauses, die Qualität von Speisen, Getränken und Service.

Die Aufgabe von Jack Nicklaus war, einen Kurs zu gestalten, der die Weltklasse provoziert und die C-Gruppe leben läßt. Es muß ihm gelungen sein, denn sonst hätte ich keine Erklärung dafür, daß hier einerseits einige Austrian Open zur vollsten Zufriedenheit aller Beteiligten ausgetragen wurden und andererseits sogar einer wie ich hier schon sein Handicap unterboten hat. Und zwar keineswegs von den Damentees, die zu benützen sich hohe Handicaps keineswegs genieren sollten.

Der Kurs ist schon vom Gelände her nicht leicht, was einen Nicklaus natürlich nicht hindert, wenn auch nur dort, wo es sinnvoll scheint, seine persönliche Handschrift, die berühmte

„Welle“ und die „waste area“ zu hinterlassen. Als ich einmal auf die vermessene Idee kam, den Platz über die Championlänge von über 6200 Metern (bei Par und SSS 72!) bezwingen zu wollen, fiel mir hinterher nur ein Wort ein: nicklausig!

Golfplätze sind, wie vieles andere, Geschmackssache. Jeder mag es anders. Für mich ist das sicherste Merkmal für die Qualität eines Platzes, wie schnell, wie lang und wie genau ich mir den Verlauf der Löcher merke. Altentann hatte ich schon nach der ersten Runde intus, und wenn Sie wollen, kann ich Ihnen heute noch jede Bahn en detail aus dem Stegreif beschreiben.

Es würde mich wundern, wenn dieser Platz nicht auch in den Erinnerungsstücken Ihrer hole-collection ein Dauerbrenner bliebe.

Golf in Österreich IV:

LANGER, WO BIST DU?

Ein Mensch, als Golfer taube Nuß,
faßt den historischen Beschluß:
Wenn schon die Scores ihn hängen lassen,
muß wenigstens der Rahmen passen.

Ich kannte Schloß Pichlarn schon. Es ist an die zehn Jahre her; ich muß damals noch schön und wichtig gewesen sein, denn irgendein Verein, der hier seine Jahresversammlung oder sowas abhielt, lud mich als Ehrengast ein. Die näheren Umstände habe ich längst vergessen, nicht aber die Suite, die ich zugewiesen bekam.

Kinder, war das ein Luxus! Die Teppiche aus Persien, das meublement aus einer Zeit, in der die Sonnenkönige noch keine Imitationen waren, die Lustres aus feinstem Kristall. Das Wohnzimmer hatte einen Erker mit Blick auf die alte Linde vor der Schloßpforte. Ich benützte den Erker zum Denken. Nie zuvor und nie danach habe ich so stilvoll gedacht. Sowas prägt sich ein.

Vom Schlafzimmer und vom Bad will ich gar nicht reden. Eine wahre Sünde, hier nicht gesündigt zu haben. Wo es doch auf Spesen ganz besonderen Spaß macht!

Damals hielt ich wohl irgendein epochemachendes wirtschaftswissenschaftliches Referat – diesmal bin ich hier, um über das erste Auftreten Bernhard Langers in Österreich zu berichten. Was zehn Jahre aus einem Menschen machen können.

Wie dem auch immer: Weil nach dem Langer-Spektakel zufällig grad ein Zimmer frei ist, bleibe ich gleich eine Woche.

Das Haus ist noch immer voll wichtiger Leute. An der Bar, beim gemütlichen Heurigenabend, am Golfplatz lerne ich rudelweise Bankbosse, Industriemagnaten und einen Erfinder weltbekannter Pharmazeutika kennen. Im übrigen raunt man sich zu, daß auch „der alte Flick" hier eine Dauersuite haben soll; ich bin ihm nicht begegnet, sonst hätte er mich sicher adoptiert.

Vor meiner nordseitigen Loggia breitet sich das liebliche Ennstal aus, dahinter türmen sich die Tauern. Vielleicht hätte ich aber doch ein südseitiges Zimmer verlangen sollen. Von da sieht man hinunter auf die Sonnenterrasse der beiden Swimmingpools. Und was sich bei den ersten Töchtern und dritten Ehefrauen der Industriemagnaten so alles türmt, verspricht auch schöne Aussichten. Ich schau da übrigens niemals hin, sondern immer nur auf den Golfplatz dahinter.

Mein Triebwerk gönnt sich einmal einen golffreien Nachmittag. Als ich von meiner Solorunde und den Pflichtbieren im Golfstüberl fünf Stunden später zurückkomme, liegt, lässig hingeräkelt, die jüngere Zwillingsschwester von Raquel Welch auf meiner Veranda. Sie ahnen es natürlich schon, verehrter, vereinzelter Leser: Bei näherem Betasten entpuppt sich die fremde Schöne als meine Frau. Sie hat sich in den diversen Massage-, Beauty- und Frisieranstalten des Hauses generalrenovieren lassen. Die Wirkung war phänomenal, aber ich muß Sie vorsorglich darauf aufmerksam machen, daß diese Art von Ensembleschutz nicht von der Steuer absetzbar ist.

Aber ich kann Ihnen nicht nur von den Annehmlichkeiten eines Urlaubs auf Schloß Pichlarn erzählen, ich muß sie auch mit meinem Golf – tatsächlich eine Angelegenheit von untergeordneter Bedeutung – behelligen.

Folgen Sie mir also die knapp 50 Schritte von der Schloßpforte zum ersten Abschlag. Es ist, rein szenarisch gesehen, zweifelsohne einer der attraktivsten ersten Abschläge Österreichs. Ich hätte dort zwei wirklich gute Möglichkeiten: ich könnte mich gemütlich an meinen Driver lehnen und mein schönheitstrunkenes Auge über den unter mir ausgebreiteten Golfplatz schweifen lassen. Oder ich könnte – vielleicht noch besser – zurück auf die Terrasse des Clubhauses gehen und mir ein Pils zapfen lassen. Ein Hochgenuß, sage ich Ihnen.

Was mache ich? Ich packe das Dreierholz aus, lege einen Ball auf, stampfe meine Beine in den Boden, schlottere mit den Knien, wackle mit den Hüften, zelebriere meine waggles und – sobald ich mich ausreichend verkrampft fühle – hole ich aus.

„Schockemöhle, Schockemöhle", tönt es freudig von der Clubhausterrasse. Schockemöhle heißt in hiesigen Fachkreisen der Ball, der, ideal getroffen, pfeilgerade vom Tee weggeht und wie von einer Schnur gezogen straks in der Pferdekoppel links landet. Die edlen Rappen des Pichlarner Gestüts sind natürlich out of bounds.

Vielleicht sollte ich bei dieser Gelegenheit darauf zurückkommen, daß man in Pichlarn Golf auch erlernen kann. Einer der beiden britischen Golflehrer hieß Malcolm Caines. Liebend gern hätte ich mir von ihm Golf beibringen lassen, leider war er so auf die Schnelle nicht mehr zu haben. Aber der Titel dieser Geschichte hätte dann gelautet: „Der Caines war mein Schicksal!" Gut, nicht ?!

So lege ich also einen zweiten auf und spiele genau wie der Langer, das Loch in Par. Leider zählt es bei mir sechs. Am zweiten Loch nahm Langer ein Wedge, bei mir reicht das Achter-Eisen grad mit knapper Not.

Aber eigentlich will ich Ihnen den Golfplatz von Pichlarn gar nicht beschreiben. Pichlarn ist ein golferisches Kleinod, einer der raren Plätze mit ausgeprägtem Charakter, um nicht zu sagen, Eigenwillen. Pichlarn muß jeder für sich selbst entdecken, erfühlen, erobern. Dies gilt zumindest für die Hälfte der 18 Löcher.

Mir scheint die Eroberung nicht ganz gelungen zu sein. Täglich versuche ich den Platz so anzulegen, wie der große Bernhard bei seiner Rekordrunde. Trotzdem brauche ich – auch täglich – so zwei, drei Schläge mehr als er. Per Hole, of course. Langer muß wohl die Hölzer ein bißchen besser getroffen haben als ich. Und die Eisen auch. Und vermutlich sogar den Putter.

Trotzdem nenne ich für das Turnier am Wochenende. Es ist ausgerechnet die Steirische Jugendmeisterschaft.

Im Feuereifer vergesse ich ganz, daß ich für die Erringung eines Titels sowieso an die 40 Jährchen zu spät dran bin, und stapfe hinunter auf die Driving-Range. Jeder Schlag sitzt; alle Schläger gehen, als wären sie ein Stück von mir. Nach einer vollen Woche Golf muß das auch so sein. Der Rückweg zum Clubhaus echauffiert mich etwas, die dringend erforderliche Schlägerreinigung bringt mich ein bißchen in Zeitnot. Trotzdem stehe ich pünktlich und voll Selbstvertrauen am Abschlag. Das erste Loch in Pichlarn ist leicht; es ist Bogey-Pflicht, wenn nicht gar Par-Chance, vorausgesetzt man weiß, wie es anzulegen ist. Ich weiß es!

Locker streife ich den Handschuh über, locker nehme ich den Driver aus dem Ranzen. Locker wage ich ein letztes Scherzchen zu meinen Spielpartnern, sogleich wird sie mein erster Schlag erblassen lassen. Der Tee-Shot ist ein Top, nur um Zentimeter vermeide ich den obligaten Damenliter. Der zweite ist ein Penzinger, den dritten erwische ich grad noch mit dem Schlägerspitzel. Erst der vierte, ideal, aber leider zu sehr links angetragen, gesellt sich zu den Pferdeäpfeln. Der sechste landet unterhalb des Grüns, der siebente weit darüber. Das ist die erste wirklich schwierige Lage, in die ich auf diesem

Malefiz-Loch gerate. Immerhin bringe ich den Ball aufs Vorgrün. Drei Putts – elf!

Langer wo bist Du?

Am Ende stehen netto 75 auf meiner Karte. Bei dem Anfang gar nicht so schlecht! Oder?

WIE ICH EINEN MASTERS-SIEGER VERHINDERT HABE

Kürzlich lernte ich einen adretten, gebildeten, wohlerzogenen jungen Mann kennen. Nach mehreren Amateurtiteln wechselte er ins Lager der Berufsgolfer. Er gewann die Einzelwertungen einiger Pro/Ams, Versuche, zu einer Tour-Karte zu kommen, gingen allerdings schief. Trotzdem, erzählte er weiter, hätte er jetzt genug vom Teaching, er wolle Tour-Pro werden.

Ich muß ziemlich zweifelnd dreingeschaut haben, denn er erklärte mir weiter, Tour-Pro sei ein Beruf wie jeder andere. Auch als Versicherungsmakler oder Bankkaufmann müsse man heute ständig hart an sich arbeiten, täglich Höchstleistungen erbringen, um ans große Geld zu kommen; im Profisport sei es genauso.

Sinnloses widerstrebt mir grundsätzlich, darum versteige ich mich auch nur selten dazu, jungen Menschen zu widersprechen. Diesmal konnte ich nicht an mich halten.

Ich glaube nicht, sagte ich, daß du den Beruf des Golfers mit irgendeinem bürgerlichen Beruf vergleichen kannst. In normalen Berufen gibt es die unwägbaren Umstände, im Golf nicht.

Wie meinen Sie das? sagt er, sich als eifriger Konsument amerikanischer Vorabendserien ausweisend.

Ganz einfach, sagte ich. Als Versicherungsvertreter kannst du am Golfplatz den Mister Trump kennenlernen, dem bist du sympathisch, und er überträgt dir die Versicherung aller seiner Towers. Als Banker kann die Tochter des Generaldirektors ein Auge auf dich werfen, und deine Karriere ist gemacht. Das sind natürlich nur dumme Beispiele, was ich meine ist, daß es im bürgerlichen Beruf viele subjektive

Einflüsse gibt. Bekanntschaften, Beziehungen, oder den Zufall, daß du gerade greifbar bist, wenn dein Chef wegstirbt. Im Berufsgolf gibt es das alles nicht.

Mein junger Freund versteht mich noch immer nicht. Also versuche ich, es in der Golfersprache zu erklären.

In bürgerlichen Berufen, sage ich, sind Scratcher die rare Ausnahme. 99 % selbst der Topmanager sind bestenfalls mittlere Handicapper; sie kompensieren sozusagen Bogeys mit Doppelbogeys, und die Kümmerlichkeit ihrer Begabung fällt erst auf, wenn der Konkurs ihrer Firma mangels Masse abgelehnt wird. Als Tour-Pro mußt du dagegen täglich unter Par spielen. Jeder einzelne von, sagen wir, 260 bis 280 Schlägen in vier Tagen zählt. Mehr darfst du nicht machen, und jedes verdammte Bogey kostet dich sofort ein paar Tausender.

Hm, sagt mein Freund, und geht nachdenklich von dannen. Und ich lebe seither in der Angst, den nächsten Masters-Sieger verhindert zu haben.

THE REGULAR-GREEN-SHOT-PSYCHOSIS

Da es früher oder später sowieso herauskommt, gebe ich es hiermit gleich zu: Unter meinen Drives gibt es jetzt schon welche, die sogar ich als gelungen bezeichnen muß!

Unter „gelungen" verstehe ich, daß sich der Ball in gerader Richtung vom Tee fortbewegt, ohne irgendwelche Mätzchen weiterfliegt, dort, wo er landet, auf keine sinnlose Unebenheit trifft, so daß er sich nicht verspringt und je nach Roll und Run in etwa 160 bis 180 Metern Entfernung auf etwas liegen bleibt, was man mit Fug Fairway nennen darf. So ein Schlag macht Freude. Kein Zweifel. Selbst der Vergleich mit dem halben Orgasmus ist mir nicht abgedroschen genug, um ihn passend zu finden.

Jetzt wäre leider Golf nicht Golf, wenn nicht auch so ein gelungener Abschlag seinen Haken hätte. Es scheinen nämlich fallweise sogar Golfplatzarchitekten stark umdunkelte Stunden zu haben und in denen bauen sie dann Par-4-Löcher, denen man beim besten Willen nichts Böses nachsagen kann. Das sind dann weder Hundebeine, die erst nach 300 Metern um die Ecke gehen, noch sind sie auf Hängen gebaut, auf denen man vielleicht ganz gut eine Bobbahn, aber keinen Golfplatz anlegen sollte, und auch das Green liegt nicht erst in exakt 450 yards, sondern schon in 350 yards Entfernung vom Abschlag.

Ich spreche also von Spielbahnen, auf denen ich nach so einem gelungenen Drive mit dem nächsten Schlag am Grün liegen könnte. Könnte, sage ich, denn mit dem zweiten Schlag aufs Grün eröffnet sich die Chance auf ein Par und ein Par ist für mich noch immer das Nonplusultra, die Krone meines Golfspiels.

Das genügt. Ich will diesen Schlag besonders perfekt ausführen und dementsprechend bereite ich mich darauf vor. Das Addressing gerät zum Zeremoniell, ich kontrolliere Stand, Griff und was es sonst noch alles zu kontrollieren gilt. Mit Hilfe von drei, vier waggles überprüfe ich noch meine Position, dann bin ich überzeugt, daß alles sitzt, mein Hirn denkt noch: „Wenn ich den jetzt aufs Green bringe, liege ich ..." und schon bohrt sich der Schlägerkopf in die Erde. Der Ball, nicht vom Schläger, sondern vom Divot getrieben, fliegt statt aufs Green etwa zwanzig Meter weit. Auf diese Weise bringe ich es ohne besondere Anstrengung zuwege, noch ein Triplebogey zu spielen.

Und schuld ist der Superdrive!

Golf in Spanien I:

GOLFFREUD' OHNE STARTZEIT

Startzeiten widerstreben ganz einfach dem Naturell des Valencianers, für den Golf primär Vergnügen ist. Es liegen schon drei Bälle in der Spirale am ersten Tee? Super! Kann man wenigstens ein paar Tapas nehmen, ein paar Riojas trinken und ein paar Freunde treffen. Was, es geht schon los? Okay, laß' mich aber noch austrinken.

Noch gemütlicher geht's nur noch auf dem Putting-Green und auf den zwei Abschlagplätzen des *****Hotels SIDI in El Saler zu. Ein Haus, in dem z.B. auch Zufahrtspläne zu den westlich und nördlich von Valencia liegenden Golfplätzen aufliegen, die Manfred Stier, der mit den Nöten des Golfers in fremden Landen bestens vertraute deutsche Generaldirektor des Hauses, zeichnen ließ. Und zwar von Frau und Tochter, was bewirkte, daß sogar die sonst eher Orientierungslose an meiner Seite auf den Tangentialen der Stadt nicht verloren ging.

Keines Planes bedarf es für den kaum fünf Fahrminuten vom Hotel entfernten Campo de Golf El Saler, der in weltweiten Rankings immer wieder Spitzenränge erobert. Echte Links, mit allen typischen Ingredienzien, nur der Wind gibt sich am Mittelmeer meist mit der Rolle des kleinen Bruders schottischer Stürme zufrieden. Langer schaffte das 6400 Meter lange Ding mit Standard 74 einmal mit 62 Schlägen, natürlich Platzrekord.

Mit Plan finden wir nicht weit von der ersten Abfahrt der Autobahn nach Madrid El Bosque. Das leicht hügelige Gelände gab Robert Trent Jones Gelegenheit, sein gesamtes Repertoire auszupacken, das, wie man weiß, in nicht immer leicht überschaubaren doglegs, in raffiniert placierten Bunkern, vor allem aber in breiten Wasserhindernissen unmittelbar vor Grüns besteht. Insgesamt handelt es sich bei El Bosque (zu deutsch: das Wäldchen) um einen anspruchsvollen Platz, dem man nur mit Hirn beikommt.

Sehr agrarisch, mit Nektarinen-Hainen, die im März in voller Blüte stehen, und Kulturen voller pflückreifer, bekannt süßer und saftiger Valencia-Orangen, präsentiert sich der Club de Golf Escorpion im Westen der Stadt. Die Skorpione haben sich verflüchtigt, Platzherren sind jetzt ganze Kolonien zutraulicher Eichhörnchen. Der mit 5300 bis 6300 Metern nicht zu kurz geratene Platz befindet sich in vollkommen ebenem Gelände, läßt aber dank gekonnter Lochgestaltung keine Minute Langeweile aufkommen.

Erreicht man die beiden letztgenannten Plätze vom SIDI Saler aus in etwa 25 Minuten, muß man für den Campo de Mediterraneo noch ein halbes Stündchen drauflegen. Abgesehen von einem Hügel, auf den die sehr schöne 15. Spielbahn führt, sind wir auch hier in flachem Gelände mit viel Platz. Aber Achtung: Der Kursdesigner war Ramon Espinosa, zu deutsch der Dornige, und Nomen ist bekanntlich Omen!

Nicht mehr zum unmittelbaren Einzugsbereich von Valencia zählt der von Bernhard Langer entworfene Platz von Panoramica. Es gibt aber zahlreiche Gründe, sich die knapp zweistündige Reise anzutun und allenfalls eine Übernachtung, sei es im Parador von Benicarlo oder in einem Strandhotel in Peniscola mit Blick auf die Halbinsel samt Burg aus dem 13. Jahrhundert, die meinem Polyglott zwei Sterne wert ist, einzulegen.

Da ist einmal der Platz selbst, eine auf 82 Hektar großzügigst angelegte bunte Mischung aller Lochvarianten von erstklassiger Qualität. Golflehrer auf der Suche nach neuen Winterdestinationen, Achtung! Auf Panoramica sind sogar die Abschlagplätze der beidseitig bespielbaren Driving Range aus bestem Penncross-Gras. Dazu gibt es für die rabbits drei Kurzlöcher mit je drei Abschlägen und drei Fahnenpositionen auf den riesigen Grüns.

Das Land Valencia setzt sich aus vielen besichtigungswerten Regionen zusammen. Eine davon ist die Berglandschaft Maestrat mit den Orten San Mateu, Morella und Forcall, um nur einige zu nennen. Dieser Ausflug läßt sich am Tag nach der Runde auf Panoramica absolvieren, wobei auch die Höhlenzeichnungen von Tirig nicht vergessen werden sollten.

Von der Fahrt über Berg und Tal entsprechend geschlaucht ins SIDI Saler zurückgekehrt, genießt man dessen fünf Sterne umso mehr. Egal, ob man sich im Hallenbad noch die Müdigkeit aus den Gliedern schwimmen, an der Bar einen Drink nehmen oder die Bequemlichkeit der eleganten, großen Halle mit ihren lauschigen Ecken genießen will. Das späte Halbpensions- oder à la carte Dinner wird umso besser schmecken. Ich persönlich freute mich, kaum vom Nachtmahl aufgestanden, immer schon aufs Frühstück. Da wird nämlich täglich ein frischer Beinschinken angeschnitten, wie er im „Schwarzen Kameel“ in der Wiener Bognergasse nicht besser ist.

Golf in Spanien II:

LA BELLA DURMIENTE

Der Golffachmann am Schalter meines Reisebüros formt beide Hände zum Trichter vor dem Mund und flüstert auf meine Frage, wo's sich im März noch gemütlich Golf spielen ließe: „Costa Brava!"

„Costa Brava?" entfährt es mir: „Dort treffe ich doch alle meine soeben pensionierten Bürokollegen." „Kaum", sagt er, „die haben wir gerade erst auf die Malediven geschickt! Die Costa Brava liegt um diese Jahreszeit, la bella durmiente gleich, im tiefsten Winterschlaf." Dornröschen wachzuküssen war immer schon mein Traum. „Also gut", sage ich, „gehen Sie ins Detail."

Sieben von Wintergreens verdrossenen Golfern noch nicht entdeckte Golfplätze harren dort meiner, klärt er mich auf; alle bestens gepflegt, mit Greenfees kaum über 70 Mark und: „wenn Sie das von mir empfohlene Hotel nehmen, keiner mehr als 40 Fahrminuten von Ihrem Standort entfernt." „Ha!" sage ich, sicher, ihn ertappt zu haben: „Dann liegt der Wurm wohl im Wetter!". Ja, gibt er zu, das ist das Problem: Meist wolkenlos bei tagsüber 15 Grad. Die Katalanen finden das ausgesprochen „aburrit" – langweilig.

Das Hotel, das wir, vom Flughafen Barcelona kommend, in etwa eineinhalb Stunden erreichen, befindet sich etwas außerhalb eines mittelalterlichen Fleckens namens Torrent, nicht weit von einem etwas größeren Dorf namens Pals. Es heißt „Mas de Torrent" und entpuppt sich als nostalgisches Juwel, entstanden im Originalgemäuer eines 250 Jahre alten Landsitzes. Abgesehen von den modernen Bädern und dem unvermeidlichen Zimmerfernseher ist die Einrichtung der zehn

Zimmer des Haupthauses spanisch antik. Entsprechend stilecht präsentiert sich das Restaurant des Hauses, und den stolz getragenen 5 Sternen entsprechen selbstverständlich auch die zwanzig Zimmer, jeweils mit eigenem Gärtchen, die etwas abseits in Reihenbungalows situiert sind. Die Schilderung soll nicht abschrecken: Das luxuriöse Ambiente, das im „Mas de Torrent“ geboten wird, ist natürlich nicht billig, aber preiswert.

Für die Geburtsstadt Salvador Dalis sind die beiden Plätze bei Figueras (ca. 40 Fahrminuten von Torrent) überraschend wenig surreal. Ganz im Gegenteil. Sowohl Peralada im Osten als auch Torremirona im Westen verfügen größtenteils über einladend breite Spielbahnen mit großen Grüns, die für erste Schwung- und Puttversuche nach langer Winterpause bestens geeignet sind. Was aber nicht heißt, daß nicht jeder der beiden Plätze auch seine Löcher hat, die es strategisch anzugehen gilt. Unbedingt erwähnt werden muß auch, daß beide Clubs den Gast mit vorbildlichen Übungseinrichtungen, jeweils direkt beim Clubhaus, verwöhnen. Und Figueras selbst verwöhnt noch mit dem Dali-Museum – ein Pflichttermin.

Können Peralada und Torremirona gewisse äußerliche Ähnlichkeiten nicht verleugnen, so unterscheiden sich die restlichen fünf Plätze etwa so voneinander wie Menschen mit grundverschiedenen Charakteren – nur ausgesprochen gutmütig ist keiner. Beginnen wir mit den drei Plätzen, die ihren Variantenreichtum ihren jeweiligen Hügellagen verdanken und deren einzige Gemeinsamkeit in der Distanz von etwa 25 Fahrminuten von Torrent besteht.

Der Club de Golf Costa Brava, mit 30 Jahren der ehrwürdigste von allen, befindet sich in den Bergen oberhalb von Sta. Cristina d’Aro. Die Spielbahnen sind von meist hübschen Häusern und Villen in spanischem Stil gesäumt, die gemeinsam mit der typischen Vegetation der Region dem Kurs den Stempel aufdrücken. Frei und offen, sehr windig und mit fallweisem Meerblick liegen dagegen die 18 plus 9 Löcher La Platja d'Aro im Hügelland. Provokant und schön zugleich sind die 18 Spielbahnen von Golf Girona in den waldreichen Bergen nördlich der Stadt, deren alter Kern übrigens ohne Übertreibung als einzigartiges Kulturdenkmal zu bezeichnen ist. Die von der Landschaft geprägten Löcher des abwechslungsreichen Golfkurses sind hingegen reines Naturprodukt mit teuflischen Bunkern. Der Aufwand für ein E-Cart erwies sich als sinnreiche Investition.

Bleiben zwei Plätze, beide im Nahbereich unseres luxuriösen Landsitzes, beide absolut flach und doch grundverschieden. Tausende, Abertausende Pinien sind das Wahrzeichen des Clubs Golf de Pals. Manche Spielbahnen sind so eng, daß man sie fast als Pinienalleen bezeichnen möchte. Akkuratesse ist hier oberstes Gebot. Unter den Pinien herrscht peinlichste Sauberkeit; wer abirrt, findet mit Sicherheit seinen Ball.

Ganz anders der 27-Loch-Kurs des Emporda Golf Clubs. Zwar sind auch hier die Pinien nicht selten, Charakteristikum des Platzes ist aber das floatende Gelände, die dichten seegrasähnlichen Grasbüschel in den Roughs und Wasser – Wasser, wohin das Auge reicht. So entsteht mitten im schönsten Catalunya das Bild irischer Links.

Die 87er Runde:

VOM FROMMEN SELBSTBETRUG

Wahrscheinlich sollte ich langsam mit dem blöden Zählen aufhören.

Streng genommen hätt' ich erst gar nicht damit anfangen sollen. Ging aber nicht, denn zum einen ist Golf nunmal ein Zählspiel und zum anderen konnte ich ja nicht ahnen, daß so überhaupt nichts draus wird.

Mir hat damals sogar einer das köstliche Buch „Golf in the lower hundredtwenties" geschenkt, das mit dem Rat schließt, mit Golf aufzuhören, sobald man den Platz das erste Mal mit 121 Schlägen 'erniedrigt' hat – besser wird's nimmer! Glauben Sie, ich hätte das geglaubt? Never!

Dann gäb's noch die Möglichkeit, nur mehr matchplay zu spielen. Das hat sich aber auch als obsolet erwiesen, denn wer immer sich dazu herabließ, mit mir eine Runde zu drehen, war ausgerechnet an diesem verdammten Tag in der Form seines Lebens. Meist war am 11. Loch alles entschieden, ich zahlte die auf diese Weise verlorenen sieben drinks, nahm selber auch nicht weniger – und – als ich wieder zu mir kam, war mir nicht nur wegen meines Golfs zum Kotzen.

Dann unterhielt ich mich einmal mit einem Clubkollegen und Leidensgefährten, der sich, wie es mir anfangs schien, eine ganz brauchbare Philosophie zurecht gelegt hatte: „Sie sehen das falsch", reagierte er auf meine Verzweiflung. „Positives Denken ist gefragt! Schauen Sie mich an: Jetzt spiel' ich erst 25 Jahre Golf und schon habe ich Handicap 35!"

Ein echter Gemütsmensch, denn wie jedermann wußte, hatte er es zwar, aber gespielt hat er es das letzte Mal vor 24 Jahren.

Derzeit liege ich mit mir im Clinch, ob ich mich der Methode eines Golffreunds bemächtigen soll, der auch kein Jota besser ist als ich, dafür aber voll des frommen Selbstbetrugs. Gegen einen Mulligan und das fallweise lässige Besserlegen des Balles mit dem Schläger am Fairway auf Runden, die nur dem Luftschnappen dienen, hat ja niemand was. Nicht einmal der reine Purist in mir.

Besagter Freund nimmt's aber weitaus lockerer.

Mulligans gönnt er sich, wenn's sein muß, auch ihrer Stücker achtzehn. Unter „Besserlegen" versteht er grundsätzlich die Suche nach der günstigsten Stelle, und wenn sie fünf Meter von seinem Ball entfernt ist. Aus Roughs, die seiner Ansicht nach auf Golfplätzen sowieso nichts verloren haben, spielt er nur, wenn er eine reelle Chance sieht, auch herauszukommen. Andernfalls schupft er sich den Ball ungeniert aufs Fairway. Nur auf den Grüns geißelt er sich selbst: Da hat er sich noch nie einen Putt geschenkt, der länger als zwei Meter war.

Na ja, vielleicht versuch' ich's mal so. Nur ob ich nachher ins Clubhaus stürme und lauthals „Schon wieder eine 87 heruntergespult!" verkünde, muß ich mir noch überlegen.

Golf in Tunesien:

WO EINST DIE WÜSTE WAR . . .

Es war einmal eine Zeit, vor mehr als einem Vierteljahrhundert etwa, da hielten die Menschen Sonnenstrahlen noch für gesund, und sie entdeckten an den Gefilden des Mittelmeeres einen idyllischen Flecken namens Hammamet mit immerwährendem Sonnenschein und vielen feinsandigen Stränden. Sie flogen in Scharen hin, um sich zu erholen und auf Kamelen zu reiten, vor allem aber, um die Daheimgebliebenen durch den Anblick bronzener Bräune erblassen zu lassen.

Die Giaurs hatten aber auch andere abartige Gelüste. Sie genossen zwar das morgenländische Flair der kleinen Stadt, wollten aber partout nicht auf skelettschonenden Kamelhaarmatten schlafen. Man mußte ihnen riesige Burgen mit bequemen Daunenbetten bauen, die sie dann im Winter, wenn es am Cap Bon angenehm kühl wird, nicht benützten. Sind eben wirklich nicht durchschaubar, diese Verrückten aus dem Abendland, und verursachen ständig Handlungsbedarf. Zuerst halbierte man die Preise, und als auch das nichts half, sah man sich um, und schon im Nachbardorf, das El Kantaoui heißt, sah man sie auf einer großen grünen Oase kleinen weißen Bällen nachlaufen. Abartig eben! Zuerst wurde der Staat aktiv und finanzierte knapp außerhalb von Hammamet das Golfprojekt „Yasmine". Im Herbst 1990 wurde es eröffnet. Ich kannte die sandsturmgepeitschte Steinwüste dort von einer oberflächlichen Besichtigung im Winter 1988. Nur ein paar Jahre später kam ich aus dem Staunen nicht heraus. Nicht nur, daß der steinige Boden die Grassaat bestens angenommen hatte, ist das hügelige Terrain für einen Golfplatz wie geschaffen. Natürliche Schwierigkeiten in Form von Kuppen, Mulden und sogar Schluchten sind in reicher Zahl vorhanden. Ronald W. Fream, der kalifornische Designer, gab dem Gelände mit zwei Teichen freundliches Gepräge, verstreute zwanglos, aber reichlich Bunker in jeder Größe und Façon und ließ sich im übrigen von den natürlichen Gegebenheiten inspirieren. Der Kurs ist abwechslungsreich, mit allen Schwierigkeitsgraden gespickt und mit Längen zwischen 5200 und 6100 Metern wahrlich nicht zu kurz. Auf manchen Löchern muß man trotzdem auf den Ballermann verzichten, auch Hirn ist auf „Yasmine“ gefragt. Ortskenntnis kann daher kaum schaden. Zu den Übungsmöglichkeiten zählt ein Neun-Löcher-Kompaktkurs; das praktisch gestaltete, weiße Klubhaus liegt, des Rundblicks halber, auf dem höchsten Punkt der Anlage.

Ein Golfplatz ist gut, zwei sind sicher besser, dachten sich die Manager einiger Hammameter Spitzenhotels und ließen jenseits von „Yasmine“ auf ebenbürtiger Topographie weitere 36 Spielbahnen plus nochmals neun Kompaktlöcher errichten. Schon der Pitch- und Puttkurs verdient Erwähnung, weist er doch alle Geländeformationen, Schwierigkeiten und Hindernisse auf, die einem Golfer auch auf freier Wildbahn zu begegnen pflegen. Zu auf solchen Anlagen vorher nie Erlebtem zählt zum Beispiel ein in einem Sandkasten plazierter Abschlag.

Eine gute Übung für die 36 echten Löcher, auf denen Ron Fream mit Hilfe der Topographie nichts ausließ, was dem Golfer Freude und Frust, Himmel und Hölle bedeutet. Das Klubhaus, ebenfalls mit phantastischem Platzblick, ist hier besonders großzügig gestaltet. Erfreulich auch, daß Caddies nicht nur manchen Putt ersparen, sondern auch die Gunst gewähren, die weitläufigen Anlagen per pedes zu erobern.

Die Gründer von „Cytrus“ betreiben Shuttles zwischen Hotel und Golfanlage. Nach „Yasmine“ nimmt man ein Taxi. Abgesehen davon, daß man auf der Rückfahrt manchmal kräftig übers Ohr gehauen wird, halten die Taxidriver die belebten Straßen von Hammamet gerne für den Nürburgring und sich selbst für Schumacher in Siegerlaune.

„Hammam – das ist das Schwitzbad“, mag sich der Leser von Rezzoris „Maghrebinischen Geschichten“ noch erinnern. Hammamet ist der Diminutiv davon. Von Schwitzen am Golfplatz sollte aber auch im Sommer keine Rede sein, da über die leicht erhöhten Golfanlagen stets eine kühle Brise streift. Im April war sie tatsächlich je nach Spielrichtung er- oder verwünschter Spielgefährte. Im Winter, räumten selbst eingefleischte Hammameter ein, könne es am Cap Bon empfindlich kalt werden und die Brise leicht zum Sturm ausarten. Zwischen November und Februar sollte man, wenn es Tunesien sein soll, vielleicht eher auf Djerba golfen. Die beste Golfzeit für Hammamet ist sicher das Frühjahr und der Herbst.

DER PUTTING-IMPROVER

Natürlich habe ich schon alles, was man zum Golfen braucht und, wenn ich ehrlich bin, auch vieles, was ich nicht brauche. Schuld sind die Golfshops, die es jetzt nicht nur auf jedem Golfplatz, sondern auch an jeder zweiten Ecke gibt. Wie ist das bei Ihnen, verehrter Leser? Sind Sie auch shopsüchtig? Ich jedenfalls komm' an keinem Golfshop vorbei und aus keinem ungeschoren heraus. Golfshops haben auf mich magische Anziehungskraft. Ob zu Hause, ob in der Fremde, in tunesischen Wüsten, an portugiesischen Steilküsten oder im hawaiischen Archipel. Voriges Jahr wollte ich das Angebot auf den Eisschollen der Antarktis prüfen. Die Reise war ein Flop: Pinguine brauchen keine Golfshops.

Aber wo's welche gibt, schweift mein Blick ruhelos über die Regale. Konsumgeil suche ich den Artikel, den ich dringend haben muß. Dummerweise finde ich ihn auch immer. Golfshops sind eine permanente Provokation, ein ständiger Sturmangriff auf mein schwindsüchtiges Scheckheft.

Was ich nicht schon alles habe: Echt antike Golf-Keulen flandrischer Edelfräuleins, Knickerbockerhosen in Art deco, Golftaschen aus Elefantenhaut und elektronische Schwungkorrektoren. Ganz besonders scharf bin ich auf Neuheiten auf dem Schläger- und Ballsektor, denn das Neueste ist ja bekanntlich immer das Beste. Daß zwei Wochen später die nächste Neuheit herauskommt, die natürlich noch besser ist, hat sich bis zu mir leider noch nicht herumgesprochen. Drum schaffte ich mir kürzlich den Putter an, der den Ball von selbst versenkt. Der Verkäufer war ein Schelm. Er sagte mir nicht, daß der Putter von meiner Hand geführt werden muß.

Also kaufte ich mir diesmal einen „Putting Improver", ein künstliches Golfloch. Mein Loch ist eine Art Eierspeispfanne mit umklappbaren Rändern. Die Wände klappen ausschließlich nach innen. Der Effekt ist phantastisch. Ein Ball, der auf der einen Seite hineingeht, kann auf der anderen nicht mehr hinaus. Im Vergleich zur Realität ein frommer Betrug, im Vergleich zu den Sektschalen (liegend), die ich bisher als Puttziele benutzte, insofern ein Fortschritt, als sich meine Exerzitien auf den Bestand der Sektschalen arg dezimierend auszuwirken pflegten. Groß war das Malheur allerdings nicht: Als Mann von Welt ziehe ich für den Sektgenuß sowieso Flöten vor. Dennoch: Die 19,95, die der Improver kostete, haben sich mehrfach rentiert, denn unter subtiler Ausnützung sämtlicher Unebenheiten, Wellen, Kanten und sonstiger Breaks, die Architekt sowie Estrich- und Teppichverleger vorausschauend in meine Wohnung eingeplant haben, kann ich den Standort meines Lochs vielfach variieren, wobei ich alle Teufeleien, die unserem Greenkeeper im Laufe eines Sommers einfallen, zu antizipieren versuche.

Ärgerlich ist nur, daß mir meine Frau immer wieder in die Puttlinie steigt.

A SECRET IS A SECRET

Man kann den Zyprioten nicht verübeln, daß sie sich Aphroditens bedienen, um ihre Insel zu promoten. Wer sonst kann schon mit einer Göttin der Liebe und der Schönheit, Tochter des Zeus, Mutter des Eros und ersten Miß World aufwarten?

Noch dazu, wo sich der jüngere der beiden Golfplätze auf Zypern tatsächlich nicht weit von jener Stelle befindet, an der die Schaumgeborene der Gischt des Meeres entstiegen sein soll. Der ältere, bereits 1994 eröffnete Platz, liegt dagegen in 550 Meter Seehöhe in den Bergen nächst des sonst nicht weiter bedeutenden Dorfes Tsada. Und beide sind von Paphos, einem Badeort im Südwesten der Mittelmeerinsel, in knapp halbstündiger Autofahrt erreichbar.

Bleiben wir zunächst in Paphos. Der Ort verfügt über eine gute Infrastruktur. Darunter Hotels in jeder Preislage, Badestrände, zahlreiche Restaurants und Bars und nicht zu wenige Shops für Frustkäufe nach verpatzten Golfrunden. Und einen eigenen Flugplatz hat Paphos auch. Kulturell Interessierte werden mit einigen Kirchen mit typisch griechisch-orthodoxem Interieur, einem Fort, vor allem aber mit sensationellen Mosaiken und Grabstätten aus römischer Zeit verwöhnt. Darüberhinaus ist der griechische Teil der Insel geradezu übersät mit zahlreichen Sehenswürdigkeiten und landschaftlichen Reizen.

Die 18 Löcher in den Bergen von Tsada hat der Brite Donald Steel gekonnt in die naturgemäß hügelige Szenerie gelegt. Zwei 180 Meter lange Par 3, ein 540 Meter langes Par 5 sowie zwei furchterregende Schluchten sorgen für Nervenkitzel.

6060 Meter bei Par 72 für Champs bzw. 5300 Meter bei

. . . erteilt der Pope bei Bedarf seinen Segen

Par 74 für das zarte Geschlecht ergeben durchaus Meisterschaftswürdigkeit, die allerdings durch einige blinde Greenshots etwas beeinträchtigt wird.

In einer Ecke des Kurses befindet sich ein Kloster, in dessen Garten bisweilen ein Pope lustzuwandeln pflegt. Angeblich ist er mit den Nöten der Golfer bestens vertraut und erteilt bei Bedarf den erbetenen Segen.

Dieser kann auch im „Secret Valley", so heißt der jüngere Kurs, kaum schaden. Der Platz liegt in einer riesigen Mulde, die vom sogenannten Mamonia Complex, kegelförmigen rötlichen Felswänden, umschlossen ist, deren sich schon die alten Römer zur Anfertigung ihrer Mosaiken bedienten. Etwas flacher als Tsada kann man sich auch hier mit ein paar überlangen Löchern, Schluchten und Hanglagen herumschlagen. Der Kursdesigner trägt den schönen Namen Iacovos Iacovou und ist ein Bauunternehmer und Landschaftsarchitekt, der bis heute noch keinen Golfschläger in der Hand gehabt haben soll. Und dafür, darf ich versichern, ist die Lochgestaltung überaus gelungen.

Beide Clubs verfügen über alle üblichen Übungseinrichtungen. Pull-Trolleys, Power-Caddies und Buggies werden verliehen. Greenfees, Leihgebühren und die Kosten der Verpflegung in den beiden überaus großzügig dimensionierten Clubhäusern bewegen sich, wie übrigens alle Preise auf Zypern, auf mitteleuropäischem, also keineswegs niedrigem Niveau.

Neugierig, wie ich bin, fragte ich die Sekretärin im Secret Valley natürlich, worin denn nun das Geheimnis ihres Tales bestünde. Sie lächelte mich an, wie Aphrodite weiland gelächelt haben mag, als sie, ihrem Hephaistos Hörner aufsetzend, den feschen Kriegsgott Ares vernaschte, und sagte nur: "A secret is a secret!"

Glauben Sie mir:

SCHLECHTE GOLFER HABEN'S GUT!

Wir: Das sind Sie, mein verehrter, vereinzelter und schon deshalb schwergeprüfter Leser, und ich. Wir: Das sind die, für die Birdie ein Bahnzufall, Par eine Traumnote, Bogey und Doppelbogey die Norm und Triplebogey auch noch kein Malheur ist.

Glauben Sie mir, verehrter Leidensgenosse, wir haben es gut, mit uns meint es der Golfgott gnädig.

Jedenfalls im Vergleich zu einem Supergolfer, einem Singlehandicapper oder gar einem Berufsspieler. Wissen Sie, was der auf einer Golfrunde mitmacht, was der leidet? Ich sag's Ihnen.

Nehmen wir einmal ein ganz normales, simples 360 Meter-Par 4, ganz ohne jede Tücke. Wir können uns da mit zwei lockeren Schlägen bis zirka 60 Meter vors Grün vorarbeiten: dann bleibt uns etwa noch ein volles Sandwedge, mit dem wir den Ball – hoffentlich – irgendwie aufs Grün zaubern, zwei Putts – und wir haben das Loch prima gespielt. So ein Supergolfer hingegen muß den Drive zirka 250 Meter weit möglichst präzise auf eine kleine Fläche bringen, die er vorher als ideale Anspielposition ausgeklügelt hat. Landet der Ball 10 Meter weiter links oder rechts, bleibt er nach außen zwar noch ganz cool, wenn Sie ihn genau beobachten, werden Sie aber am Malmen seiner Kiefer oder am Beben seines linken Ohrläppchens erkennen, wie er kocht.

Die restlichen 110 Meter sind für ihn dann ein 7/8-Wedge. Ein 7/8-Schwung, glauben Sie mir das, ist kein Lercherl nicht. Unser Superman muß dem Ball aber auch noch eine genau dosierte Portion backspin mitgeben, damit der Ball im Umkreis von maximal 1 1/2 Meter zur Fahne aufschlägt und dort gefälligst auch liegen bleibt, oder besser noch, zum Loch zurückrollt. Denn so ein läppisches Par 4 ist für ihn keine Birdie-Chance, sondern Birdie-Pflicht!

Unser nächstes Loch ist ein 480 Meter Par 5. Wie wir, unter Ausnützung des ganzen Platzes und seiner näheren Umgebung, dieses Loch anlegen, muß ich Ihnen nicht erzählen.

Was muß unser Spitzenspieler? Sie können zusehen, wie seine Hand vor dem zweiten Schlag zitternd und zögernd über seine Schläger zuckt, dann preßt er seine Hinterbacken vorsorglich zusammen und entnimmt dem Bag sein Einser-Eisen.

Haben Sie schon einmal ein Einser-Eisen gespielt?

Ach, Sie haben gar keines!

Seien Sie froh!

Sie würden nicht glauben, was Ihnen damit alles passieren kann. Die Prellung Ihrer beiden Mittelhandknochen oder die Luxation Ihrer werten Schultergelenke ist noch das mindeste. Wohin Ihr Ball geht, braucht Sie nicht mehr zu interessieren, denn aus dem nächsten Kreis-Krankenhaus können Sie ohnehin nicht weiterspielen.

Unser Klassegolfer muß mit diesem Marterinstrument jetzt aber auf ein rund vier Gehminuten entferntes Loch mit 10,2 cm Durchmesser zielen. Er muß die Richtung, den Fly, den Run und den Wind berechnen und dabei die Topographie, die Bodenbeschaffenheit, seine Tagesform (oder -unform) und was weiß unsereiner noch, einkalkulieren. Denn selbstverständlich attackiert er dieses Loch auf Eagle und wenn sein Ball mehr als drei Meter von der Fahne liegt, ärgert er sich etwa so wie Sie, wenn Sie den Ball vom Grün herunter in den Bunker putten.

Aber wie oft – bitte schön – putten wir schon zurück in den Sand? Glauben Sie mir. Wir haben es gut!

DER SÜDSEE-TRAUM

Heute gilt es als erwiesen, daß es ein gewisser Samuel Wallis war, der 1767 als erster seinen Fuß auf die Inseln setzte. Dann kam der französische Graf und Seefahrer Bougainville und noch einmal ein Jahr später Thomas Cook.

Was an Land gespült wurde, waren Kolonisatoren, Missionare sowie ein Bakterium namens Treponema pallidum, sowas wie der Urgroßvater des H.I.-Virus.

„... kennen die Bewohner Tahitis keinen anderen Gott als den der Liebe", schrieb Philibert de Commerron, ein feinfühlender Begleiter Bougainvilles in sein Tagebuch, „alle Tage sind ihm geweiht, die ganze Insel ist sein Heiligtum: alle Frauen sind seine Altäre, alle Männer seine Hohepriester." Eine etwas langatmige Umschreibung des Wiener Schickeria-Grußes: „Mach's gut und so oft wie möglich!"

Alle Tage! Stellen Sie sich einmal den Zustand der Hohepriester vor!

Die Damenwelt der Inseln sah in den Matrosen jedenfalls ein willkommenes Zusatzpotential und von Plymouth oder Toulouse nach Tahiti fuhr man damals noch gut und gern zwei Jahre. Ohne Miezen an Bord und mit nur wenigen Stopovers! Da kann man auf ein paar Syphiliserreger wirklich keine Rücksicht nehmen!

Soviel zum Thema christliche Seefahrt.

Heute braucht es von Europa nach Tahiti nur eine Nacht. Mit Hilfe von 11 Stunden Zeitdifferenz dauert sie aber 21 Stunden. Zwar ein Wunder der Technik, denn man überquert nicht weniger als 160 Längen- und 70 Breitengrade, aber trotzdem eine Strapaze. Es ist kein Zufall, daß ich „Vom Winde verweht" nie gesehen habe.

Wie wird mein Kadaver auf 21 Stunden Sitzen und 11 Stunden Zeitdifferenz reagieren? Was hilft mir der breiteste Polstersessel in der Business Class, wenn mein Bauch grimmt? Was weitet Bora Bora, die laut Polyglott schönste Insel der Welt, meinen Horizont, wenn ich total unausgeschlafen bin?

Ich versuche dem Problem mit Vernunft zu Leibe zu rücken und lehne auf jeden Fall französischen Weißwein, deutsches Bier, italienischen Espresso und sogar die edelsten Ziehungen aus den Kreszenzen der Witwe Cliquot ab. Ich nähre mich von leichten Speisen, schweren Getränken und öder Literatur: Zum Turbot trinke ich völlig stilwidrig einen Bourgogne rouge 1983 von Väterchen Bouchard und lese einen frühen Hesse.

Trotzdem bringe ich bis San Francisco kein Auge zu. Auch wenn es die Sonne im Oktober nicht mehr schafft, hinter den rechten Fliegerfenstern nochmal aufzugehen, ist die Nacht hell, sie läßt die Eisflächen Grönlands und Labradors fahl zu mir heraufglänzen.

Als wir in SF wieder abheben, ist die Nacht schwarz, in meinem Inneren ist es schon 7 Uhr früh. Der Zustand meines Körpers ähnelt fatal der Trance nach einer ausgedehnten Beiseltour. Ich stelle die Lehne meines Sessels exakt um 38 Grad zurück, placiere meine Fußpolster und lasse Bourgogne und Hesse wirken. Als ich aufwache, ist es draußen hell und das Flugzeug setzt zur Landung an.

Ich bin taufrisch, verbringe pumperlmunter meine polynesischen Tage, obwohl es Nacht ist und schlafe tief und unschuldig in den Nächten, obwohl es Tag ist. Um es gleich vorwegzunehmen: Nach der Rückkehr hat die Umstellung ein paar Tage gedauert. Aber da geht's, so man nicht selber einer ist, ja zu Lasten des Brötchengebers.

Der Flugplatz von Papeete heißt Faaa. Jedes A einzeln für sich ausgesprochen: F-a-a-a. – Angeblich muß man beim A-

Zählen aufpassen. Ein A mehr oder weniger kann fatale Folgen haben.

Es ist 5 Uhr früh. Das hindert aber ein paar einheimische Schönheiten nicht, zu den Tamouré-Rhythmen der begleitenden Steelband ihre Bauchnabel aufreizend vor meinem empfänglichen Auge kreisen zu lassen. Die Mädels tragen halbe Kokosnüsse als BHs; an denen ist Rudi Gernreich glatt vorübergegangen. Und einer der lockigen Jungs, der wild auf einen größeren Weidling einschlägt, verbirgt im Bund seines Bastrockerls eine Digitaluhr. Immerhin schön von ihm, daß er sie nicht am Handgelenk trägt.

Den Tamouré im Ohr, die milde Morgenluft auf der Haut, die Nase erfüllt vom schweren Duft der weißen Tiare, die man mir kranzweise um den Hals gehängt hat, trete ich hinaus vor den Flugplatz. Jenseits der Rollbahn hebt sich ein bizarres Gebilde aus dem Meer, die aufgehende Sonne taucht es in rosiges Licht: Morea.

An diesem Punkt angelangt, kann ich sogar vor mir selbst nicht länger verheimlichen, daß ein langgeträumter Traum im Begriffe ist, in Erfüllung zu gehen. Wer träumt ihn nicht, den Südseetraum? Sogar ich! Obwohl meine romantischen Bedürfnisse nicht gerade hoch entwickelt sind.

Und wenn ich jetzt hergehe, und mein gesamtes schwärmerisches Repertoire auspacke, Sie würden's mir nicht glauben, verehrter, vereinzelter Leser. Wie soll ich Ihnen die bizarren Berge, die üppige Vegetation, die Blüten- und Blumenpracht schildern? Die blendend weißen Strände, die Smaragdlagunen, die Korallenbänke, an denen sich die Südsee bricht? Die Luft, den Duft, das Licht? Wie soll ich Ihnen glaubhaft machen, daß ich auf einem Manta ritt und einem guten Dutzend Haien auf offenem Meer ins stahlgraue Auge sah, nur durch ein paar Liter Südsee getrennt. Der Ausflug hieß zwar Shark-feeding, aber wie kann ich ahnen, daß die mich verfüttern wollten!

Würden Sie mir abnehmen, daß es auf dieser Reise Augenblicke gab, wo sogar ich die Luft anhielt? Nicht nur, weil ich mit einem Schnorchel nicht umgehen kann, sondern weil Natur ganz einfach weder so schön, noch so vollendet sein darf.

Ich kann es kurz zusammenfassen: Tahiti live kann durch die schönste Seifenreklame im Fernsehen nicht ersetzt werden.

Lassen Sie mich wieder sachlich werden:

Die Hotels draußen auf den Inseln sind der Eingeborenen-Architektur nachempfunden. Großzügige Bungalows mit Bananenblattdächern, in hübschen Palmenhainen liegend oder auf Pfählen ins Meer hinaus gebaut. Von den durchschnittlich 50 Quadratmetern Innenfläche entfällt ein gutes Viertel aufs Sanitäre. Neben dem geräumigen Duschabteil befindet sich ein „indoorgarden". Wie praktisch: Das Wasser, das man verspritzt, fällt als warmer Regen auf die Bananen. Wichtig ist, daß die Räume hoch sind, ca. 5 bis 6 Meter: Stauraum für die Wärme.

Der Zweck der Reise war aber Atimaono – der Golfplatz auf der Hauptinsel Tahiti. Angelegt ist der Platz auf der ehemaligen Domäne ausgerechnet eines Schotten, der – sparsam, sparsam – für die Landarbeit die ersten chinesischen Kulis nach Polynesien brachte. Man muß ihm dankbar sein dafür, denn die Mischung zwischen Chinesen und Eingeborenen ergibt die schönsten Tahitianerinnen.

Doch zurück auf den Golfplatz. Gebaut hat ihn ein gewisser T. Baldock. 5950 Meter lang, Par 72, Kulis, sprich Caddies, gibt's keine mehr; man kann Elektro-Carts mieten oder, wie ich, das Leihset hinter sich herziehen. Vom Meer herein weht eine Brise, sie macht das Spiel mitunter spannend und die Hitze, so zirka 28 Grad, erträglich. Trotzdem: Ein Hut auf dem Kopf erspart den Sonnenstich.

Die Einheimischen in meinem Flight spielen, jede Etikette mißachtend, in Gummischlapfen. Ich mit meinen Genagelten an den Füßen wirke dagegen wie das, was ich bin: Ein Älpler in der Südsee.

Uneingeschlagen stehe ich am ersten Tee. Zwischen mir und dem Fairway tun sich 50 Meter Wasser auf. Vorsichtig hole ich aus und bringe den Ball hinüber. Applaus ertönt. Woher? Aus dem Teich, in dem drei Buben sitzen und der Bälle harren, die da kommen sollen. Ein gutes Beispiel für polynesische Freundlichkeit.

Munter spiele ich weiter. Gutes Fairwaygras, breite, palmen- und flamboyantbegrenzte Spielbahnen, bemerkenswert gute Grüns und markante Löcher laden dazu ein.

Das neunte zum Beispiel, ein 500 Meter Par 5 mit dogleg links, das man nicht abkürzen kann, weil genau im Knick ein großer Teich liegt. Oder das 16., ein 400 Meter Par 4 mit einem breiten Wasserlauf 20 Meter vor dem erlösenden Grün.

Oder die Löcher oben am Hang, am Rand des Dschungels, der die Vulkane hinaufklettert, mit dem Blick über den ganzen Golfplatz bis hinaus aufs grünblaue Meer.

Und in besonders lieber Erinnerung ist mir das zwölfte: ein nur 425 Meter langes Doppel-dogleg-Par 5: Wer wie ich, hier zweimal in die Pampelmusen spielt und das Glück hat, beide Male wieder herauszukommen, kann hier sogar ein Par ergattern.

Unvergeßliche Löcher eigentlich. Unvergeßlich wie die Südsee.

BRIEF AN EINEN SPÄTEN GOLFER

Sie haben ein arbeitsreiches Leben hinter sich! Sie verbrachten es an einem Schreibtisch oder hinter einer Werkbank. Möglicherweise haben Sie sogar Karriere gemacht, aber wenn Sie es recht bedenken, war Ärger über die Unfähigkeit Ihrer sogenannten Mitarbeiter größer als die Lust, sie karniefeln zu können.

Ihre Freizeit verhockten Sie hauptsächlich im Auto oder, noch schlimmer, vor der Glotze. Zum Ausgleich haben Sie ein bißchen Tennis gespielt und Sie sind allenfalls auch Ski gefahren.

Ihre privaten Verhältnisse wollen wir beiseite lassen. Sie entziehen sich zu sehr der Verallgemeinerung. Die Höhepunkte Ihres Lebens waren wahrscheinlich ein paar schöne Reisen und, wenn Sie ein Glückskind sind, die ein oder andere größere Liebe.

Machen wir uns nichts vor, liebe Leidensgefährten: Viel war das nicht – und recht besehen hätten Sie sich auf Ihre älteren Tage besseres verdient, als zu golfen.

Am Anfang war's ja noch ganz spaßig. Sie erfreuten sich der Wiederentdeckung Ihrer unteren Extremitäten als Mittel der Fortbewegung, der bunten Blumen in den Roughs, des Dufts des frischgemähten Grases und sogar der Unkenrufe aus den idyllischen Teichen. Und schließlich ist es Ihnen ja auch hie und da gelungen, mit Hilfe eines dieser ungeeigneten Instrumente im Bag den Ball ein paar Meter weiterzubefördern.

Doch eines, wie Sie glaubten, schönen und unschuldigen Morgens standen Sie am Einserabschlag und blickten hinaus auf das Fähnchen, das Ihnen in diesem Augenblick gar nicht so fern erschien.

Und da setzte sich ein Gedanke in Ihrem Kopf fest, wie weiland Lilith, der Satansbraten, im Apfelbaum, und hämmerte: „Tu's doch, tu's doch . . . "

Sie taten's und zählten am ersten Loch eine 6, was gar nicht so übel ist. Aber bereits am nächsten Loch placierte der Ihnen bis dahin wohlgesonnene Golfgott rechts vom Fairway ein Out of bounds. Trotz der Elf auf diesem Loch begriffen Sie erst viel später, daß damit Ihre Vertreibung aus dem Paradies begonnen hatte.

Die Blumenpracht war Ihnen von einem Tag auf den anderen ebenso wurscht wie der Duft von frischgemähtem Gras, und der Ruf der Unken schien Ihnen plötzlich symptomatisch. Die vormals idyllischen Teiche verwandelten sich in völlig überflüssige Ballmagnete und der ganze Golfplatz bestand nur mehr aus undurchdringlichen Roughs und sinnlos herumliegenden Heubüscheln.

Spaß machte Golf erst wieder, als Sie lernten, auch damit umzugehen. Ein erstes Handicap stellte sich ein, dann kamen Sie ins Congu und schließlich näherten Sie sich bedenklich einer Ziffer um die 20. Bedenklich – weil man da schon ziemlich viele Pars und fallweise auch ein Birdie braucht, um diese verdammt hartnäckigen Triplebogeys auszugleichen.

Leider dauert der in einem lächerlich kurzen Absatz beschreibbare Prozeß einige Jahre, und wie es das Schicksal so will, wurden Sie dabei nicht jünger, sondern – unbeweglicher. Und kürzer!

Mir ging's nicht besser!

Anfangs glaubte ich fest daran, daß sich die Pre-Roughs auf wundersame Weise in Richtung Fairways ausdehnen.

Eines Tages, der kein schöner war, konfrontierte mich aber

ein bis dahin guter Golffreund mit der Realität, indem er mir ein trockenes „Du warst aber schon länger“ vor die Füße warf.

Inzwischen zahle ich die Runde nach der Runde nur mehr dann, wenn ich das Damen-Tee ausnahmsweise überschlage.

Das kommt à la longue billiger!

Das Golf-Mekka Amerikas:

IN DEN PINWOODS VON PINEHURST

Ein Mensch von leisem Größenwahn,
legt diesmal sich mit Pinehurst an.
Weil an sein Ohr Gerüchte drangen
von ein paar tausend Fahnenstangen,
hofft er, er kommt außerdem
noch in die World Golf Hall of Fame.

Es soll Golfnomaden geben, die mit Sack, Pack und Mobilhome sowie dem fröhlichen Lied „Nothing can be finer, as to play golf in Carolina" auf den Lippen, monate-, wenn nicht jahrelang durch Nord- und Südcarolina ziehen, ohne jemals das gleiche Tee zu betreten. Und kaum glauben sie, es hinter sich zu haben, gibt es schon wieder ein paar Dutzend neue Plätze.

Für Leute, die dem Zigeunerleben weniger Geschmack abgewinnen können, gibt es Golfresorts; eines der ältesten davon ist Pinehurst.

Die beiden Carolinas, zusammen etwa zweieinhalbmal so groß wie Österreich, mögen von vorgelagerten Atlantik-Inseln bis zu alpinen Regionen mit durchaus unterschiedlichen Landschaftsstrukturen aufwarten können. Dort wo Pinehurst liegt, ist das Land vornehmlich platt. Dereinst muß es, wie der Name schon sagt, mit Abkömmlingen aus dem weitverzweigten Geschlecht der Kiefer nur so übersät gewesen sein, denn obwohl mittlerweile mehr Fairwayschneisen in die Wälder gefräst wurden als Skiabfahrten in sämtliche Berge Tirols, sind noch immer genügend Vertreter der knorrigen Kerle vorhanden.

Keine Kosten scheuend habe ich auch drei Dollar für den

Besuch der World Golf Hall of Fame ausspendiert. Nicht erst bei dieser Gelegenheit kam ich dahinter, daß mich Golf als Spiel mehr interessiert als seine für Amerikaner offenbar bedeutungsvolle Geschichte. Am meisten imponiert hat mir noch das Tee in Form der bekannten nackten Dame im Nerz. Damit sie beim Wintergolf nicht frieren muß, die Arme. Die Historie des Ryder-Cups, die respektable Sammlung verrosteter Mashies und Spoons, die Kollektion von 10.000 Clubbleistiften und 13.225 Clubbällen ließen mich dagegen relativ kalt. Und was, bitte, soll ein Golfer wie ich mit Al Geibergers Scorekarte über die erste jemals gespielte Turnier-59 anfangen? 59 über Par, darunter könnte ich mir schon eher was vorstellen!

Was die Swilcan-Brücke im Vordergrund dem Clubhaus von St. Andrews ist, ist dem Pinehurst-Hotel seine charakteristische Kuppel. In markantem Rot dominiert sie das riesige, fast unübersehbare, in stets frischem Weiß glänzende Gebäude. Leider in krassem Gegensatz zur äußeren Pracht steht unser Zimmer. Als Haus von Ruf fühlt man sich offenbar verpflichtet, bei der Einrichtung amerikanische Standards mit Queensizebett, Schreibtisch und Sitzgruppe einzuhalten, dafür ist der Raum mit kaum 25 Quadratmetern aber entschieden zu klein. Irgendetwas steht immer im Weg herum. Die Fenster der finsteren Kemenate führen in kahles Geäst, unmittelbar darunter befindet sich ein Auslaß der Hotelklimaanlage, die ebenso unvermittelt lauthals anspringt wie sie wieder verstummt. Diesen Umstand kategorisiere ich aber unter persönliches Pech.

Weniger platzgespart hat man beim Speisesaal. Er konkurriert in punkto Ausmaß durchaus erfolgreich mit der Halle des Wiener Westbahnhofes, im Kampf um die Entfaltung von Dezibel zeigt sich der Speisesaal dem Bahnhof jedoch weit überlegen. Beim fünfgängigen Abendmenu werden zahlreiche Auswahlmöglichkeiten geboten. Den Amerikanern scheint's zu schmecken; bei dem, was sie sonst so in sich hineinzustopfen pflegen, sagt das allerdings nur wenig über die Qualität der Küche aus. Aber auch der verwöhnte europäische Gaumen wird zweimal wöchentlich befriedigt. Sobald man am reichhaltigen Buffet Genießbares gefunden hat, kann man sich auf dieses konzentrieren und allfällige Fehlgriffe durch diskrete Entsorgung des vollen Tellers auf unbesetzten Tischen egalisieren. Brave Frühstückesser kommen täglich auf ihre Rechnung, und das gleiche gilt für unersättliche Tee-Sammler, sofern sie schon beim Betreten des Saales in die volle Schüssel greifen. Nach dem Frühstück könnt's zu spät sein.

Zu den Pinwoods of Pinehurst gehören sieben Plätze mit ergodessen 126 Fahnenstangen. Daß ich nur neunzig davon anpeilen durfte, lag daran, daß Platz Nr. 6 wegen Renovierung geschlossen war (an einem Kurs wird angeblich immer herumgedoktert) und wir für Platz Nr. 5 aus unerfindlichen Gründen keine Startzeit bekamen. Zur Beschreibung der Qualität der verbleibenden fünf Kurse muß ich drei Superlative in einem Satz unterbringen: Es handelt sich um die größte Ansammlung erstklassiger Golfplätze auf kleinstem Raum, die ich je gesehen habe. Daß sich im „walhal" des amerikanischen Resortgolfs die Plätze immer in bestmöglichem Zustand befinden, muß nicht extra erwähnt werden.

Abgesehen von Kurs Nr. 2, wo es auch Caddies gibt, sind Elektocarts Pflicht. Wetterabhängig kann es vorkommen, daß man mit den Carts nicht aufs Fairway darf. Dann muß man wohl oder übel manchmal mit einem kleineren Schlägerkontingent zu Fuß zum Ball.

Bevor wir uns den einzelnen Plätzen zuwenden, lassen Sie mich noch eine Usance von Pinehurst erwähnen, die es wert wäre, gestohlen zu werden: Je nach dem, ob das Loch vorne, hinten oder Grünmitte gesetzt ist, ist die Fahne gelb, blau oder rot. Zusammen mit einem kleinen Hinweis auf der Scorekarte ist das weit effizienter als jene bei uns übliche mit Gummiringerln und Zahnstochern befestigten Plastikkugeln, die immer wieder verrutschen!

Und nun auf die Plätze, marsch, marsch!

Es ist absolut keine Schande, die Pinehurst-Woche auf dem nur 5800-yarder Nr. 1 (Par 69, Standard 67) zu beginnen. Der Platz eignet sich nach allfälliger längerer Abstinenz hervorragend zum Einschlagen sowie zur Reaktivierung von Ball- und Selbstwertgefühl.

Platz Nr. 3 ist bei gleichem Par und Rating sogar 200 yards kürzer, aber trotzdem ein großer Kurs mit interessanten, abwechslungsreich gestalteten Löchern. Mir gefällt er sogar eine Spur besser als Kurs Nr. 4, trotz dessen respektabler Länge von 6900 yards (bei Par 72 und Standard 73) und trotz des Umstandes, daß der ursprünglich von Donald J. Ross konzipierte Platz Anfang der 70er Jahre von Robert Trent Jones aus Anlaß einer bevorstehenden Weltmeisterschaft erneuert wurde.

Liebkind von Pinehurst ist Kurs Nr. 2. Seit seiner Anlage durch Ross im Jahre 1901 wurde er x-mal umgestaltet, verlängert und verbessert. Zuletzt durfte Jack Nicklaus 1987 Hand an die Grüns legen.

Auf diesem über 7000 yards langen Platz mit Par 72 und Standard 74 werden traditionsgemäß die großen Turniere von Pinehurst ausgetragen. Ich bitte alle Golflegenden, die das Hohelied von Pinehurst Nr. 2 singen, pflichtschuldigst um Pardon, aber ich empfinde den Platz im Vergleich zu den Nummern 3 und 4 relativ steril. Wahrscheinlich ist leicht reden, wenn man nicht in Par über die Wiese muß.

Vor allem sollte man nicht versäumen, statt des Carts einen der fachkundigen Caddies zu nehmen. Amerikaner genieren sich übrigens nicht, zwei bags von nur einem dieser Burschen schleppen und ihn dann noch die Linie lesen zu lassen, auch wenn sie erst mit dem 7. Schlag am Grün sind.

Der absolute Hit ist Platz Nr. 7! Erst 1986 von Reese

Jones fertiggestellt, führt dieser Kurs bei Par 72 und Standard 75.6 (!) von zu Recht güldenen Tees über 7100 yards. Selbst vom bescheidenen Blau ist der Platz bei Rating 73.4 noch über 6700 yards (6100 m) lang. Das hier hügelige Gelände mit nicht gerade wenig Wasser macht jede Spielbahn zum Erlebnis. Mir wird zusätzlich unvergeßlich bleiben, hier alle 18 Löcher gezählt und trotzdem nur 97 mal auf den Ball geklopft zu haben.

DES GOLFERS KLAGELIED

Du stehst ganz ausnahmsweise richtig da;
mit leicht geknickten Knien und so und sogar
die Distanz zwischen deinen Schultern und dem Ball
stimmt bis aufs Haar.

Durch Zufall hast du auch den Schläger in der Hand
wie's sich gehört, und – kaum zu fassen –
du hebst ihn sogar richtig in die Höh'.
Die Kraft in deinen Armen hält Balance,
der Schlägerkopf fällt nicht zu tief
und ausnahmsweise bist du weder zu weit innen
oder außen.

Sogar die Beine machen mit!
Du stehst nicht festgemauert in der Erden,
wie diese Form aus Lehm gebrannt,
und du vollführst auch keinen Eiertanz.

Dann schwingst du durch,
ganz locker ohne Wucht,
so wie's ihm Büchel steht.
Den Kopf läßt du am Ball,
nicht mal die Augen flattern.

Voll Selbstvertrauen schwingst du so weit aus,
daß alle deine Knorpel jauchzen.
Sonst stoppst du immer schon auf halbem Weg,
knapp oberhalb der Knie.
Mit einem Wort: Du hast ihn diesmal ideal getroffen!

"SUPPAAAH" tönt es aus der Gruppe, was soviel heißt
wie "What a shot!"

Endlich schaust auch du ihm nach.
Verzückt selbst du, der sonst
im vorhinein schon weiß, daß jeder Schlag mißlingt.
Er fliegt und fliegt, geradeaus,
wie an der Schnur gezogen. Das Fairway ist zwar breit,
doch hindert dies das meiste Mal dich nicht,
den Ball ins Out zu schlagen.

Diesmal kann das nimmermehr passieren.
Tausend Gedanken schwirr'n durch deinen Kopf.
Jö schau, ich kann's ja doch!

Ist das der Durchbruch? Hab ich's jetzt begriffen?
Schön, wie er fliegt! Ein Pech, daß das mein Pro
nicht sieht . . .

Der Ball fliegt immer noch, das gibt's ja nicht –
und immer noch gerade!
Wo bleibt der Fade, der Slice
und wie die Dinge alle heißen,
die meine Bälle sonst im Acker landen lassen?
Wenn ich nur wüßt, wie das gegangen ist!

Dann neigt er langsam sich zur Erde,
fällt auf, trifft einen Stein und springt –
wie alle andern vor und alle andern nach ihm –
in den Kukuruz.

Und die Moral von der Geschicht'?

LOB IHN NICHT, SOLANG' ER FLIEGT.
FREU' DICH ERST, SOBALD ER LIEGT!

RABES SMALL-TALK-HILFE

Das Golf-Chinesisch kommt bekanntlich aus dem Englischen und jede bessere Fachzeitschrift wird nicht müde, in regelmäßigen Abständen ihre Leser mit der Terminologie unseres Sports vertraut zu machen.

Weshalb heute schon jeder weiß, was ein Ginty und ein Gutty ist. Nur – was fängt man damit schon an?

Ich sehe es daher als meine vornehmste Bildungsaufgabe an, Sie mit jenem Vokabular zu verwöhnen, das Sie beim small talk auf und nach der Runde tatsächlich brauchen. Sind Sie bereit? Na, dann gemma's an:

AIR SHOT: Ist zu zählen, kommt aber zumeist nur während der ersten dreißig Golfjahre vor.

BANANA BALL: Eine Ballflugbahn, die mit tödlicher Sicherheit ins nächste Out of bounds führt (siehe dort). Hört sich nie auf!

CUT: Schnitt am Ball, der durch schlechte Schläge zustande kommt und das Flug- und Rollverhalten beeinträchtigt. Ball ist auszutauschen. Kostenpunkt: ca. 7 Mark.

CHILI DIP: Schlechter Chip. Hört sich nie auf!

DUFFER: Ein Golfer wie Sie und ich.

DYING PUTT: Ein Putt, der knapp vor dem Loch verendet. Hört sich nie auf!

FAT: Schlägerkopf trifft Erde statt Ball. Laut W. Churchill kein Wunder, schließlich ist sie ja auch größer. Hört nie auf!

FLOP: Häufigstes Turnierergebnis.

HANDICAP: Dieser im allgemeinen Sprachgebrauch negativ besetzte Begriff ist das einzig positive an Golf.

HAZARD: Aus Sand oder Wasser bestehende bevorzugte Landestelle von Golfbällen.

IN JAIL: Unspielbare Lage eines Golfballes.

KNEE KNOCKING: Häufigstes Körpergefühl des Golfers.

MULLIGAN: Zweiter, hoffentlich gelungener Abschlag nach verpatztem ersten. Braucht man immer, ist aber im Turnier unverständlicherweise nicht erlaubt.

NEVER UP, NEVER IN: Spott- und Hohnspruch der Mitbewerber nach zu kurzem Putt.

OUT OF BOUNDS: Gelände, das nicht zum Golfplatz gehört und daher zweitbevorzugte Landestelle von Golfbällen ist.

RABE: Analog zu Birdie, Eagle und Albatros speziell in Österreich gebrauchter Vogelname für ein Lochscore eins über Doppelpar.

ROUGH: Gelände, in dem der Ball auf Nimmerwiedersehen verschwindet.

SAND BEGGER: Golfer, der sein Handicap absichtlich hochhält. Haben wir nicht nötig.

SOCKET: Schlag, bei dem der Ball wie von Furien gehetzt nach rechts wegzischt. Hört nie auf!

TOP: Vollrasur des Balles. Gerade noch kein AIR SHOT, Gegenteil von FAT (siehe jeweils dort). Hört nie auf!

WAGGLE: Eiertanz des Golfers vor dem Schlag.

WHITE KNUCKLES: Zustand der Handknöchel infolge krampfhafter Umklammerung des Schlägergriffs.

YIPS: Nervenflattern, das sich beim Putten auf die Hände überträgt.

Noch einmal, verehrter, vereinzelter Leser: Erst wenn Sie sich alle diese Fachwörter und ihre Bedeutungen eingeprägt haben, können Sie bei Golf wirklich mitreden.

P.S.: Vielleicht interessiert Sie noch, warum Golf, bezeichnenderweise ein „Four-Letter-Word", ausgerechnet Golf heißt. Die einzig einleuchtende Erklärung kommt natürlich auch von den Briten: Because SHIT was already taken!

Schönes Spiel!

Weitere Bücher aus dem Knürr Verlag München

München-Klassiker: *Uns Münchner wenn's ned gaab ...*
Münchner G'schichten von Max Spiegl – Der »Joseph« und seine heiteren Beobachtungen in der Weltstadt mit Herz, mit vielen Zeichnungen von Ernst Hürlimann
Erste, zweite und dritte Folge je 160 Seiten, 14 x 21 cm, gebunden.
ISBN 3-928432-09-5 bzw. 3-928432-13-3 bzw. 3-928432-27-3
je DM 19,80 (auch einzeln lieferbar!)

Boarisch g'lacht
Witze und Anekdoten aus Bayern
von Claus M. Baumann
Lustige Witze über das Leben der Bayern und deren liebenswerten Umgang mit den Preussen
Mit 30 Zeichnungen von Andrea Mangold
160 Seiten 14 x 21 cm gebunden
ISBN 3-928432-18-4
DM 19,80

Gründliches Kochbuch von 1792
Neuausgabe eines Augsburger Kochbuchs aus dem Jahre 1792: Das »Kochbuch der Urgroßmutter unserer Urgroßmutter«
160 Seiten
14 x 21 cm, gebunden
ISBN 3-928432-15-X
DM 19,80

Landleben im alten Bayern
Freud und Leid der Landbevölkerung übers Jahr gesehen mit Berichten, Anekdoten, Bauernregeln und Originalabbildungen

160 Seiten, 21 x 28 cm
Zahlreiche Abbildungen, gebunden
ISBN 3-928432-25-7
DM 19,80

Mythos Weißwurst
von Peter M. Lill und Ludwig Margraf
Geschichten, Anekdoten und Wissenswertes über die Primadonna der Würste.
Köstliche Zeichnungen und historische Fotos.

160 Seiten, 14 x 21 cm, gebunden
ISBN 3-928432-23-0
DM 19,80

Erhältlich:
im Buchhandel oder bei Alois Knürr Verlags GmbH,
Sperberstraße 23, 81827 München, Tel. 0 89/43 76 61 00, Fax 0 89/4 39 29 86